Cuando cae la hoja

cae la hoja

31 reflexiones de aliento espiritual

David Solá

ediciones
noufront

Para ti que vives en la esperanza
y luchas cada día con tus sentimientos.
Para ti que tienes un corazón que siente,
y porque siente, es vulnerable y a veces sufre.
Para ti que necesitas un poco de aliento...
aunque sea de vez en cuando.

Ediciones Noufront
Santa Joaquina de Vedruna, 7
baixos, porta 2
43800 VALLS
Tel. 977 606 584
Tarragona (España)
info@edicionesnoufront.com
www.edicionesnoufront.com

Diseño, maquetación y producción editorial: Ediciones Noufront
Fotografía de cubierta: iStockphoto

Cuando cae la hoja
© 2008 David Solá
© 2008 Ediciones Noufront

1ª Edición 2004
2ª Edición 2009

Depósito Legal: B-51715-2008
ISBN 13: 978-84-935641-9-3

Impreso en: Publidisa

Índice

Prólogo

En un mundo en el que todo corre deprisa y sin descanso, donde el estrés y la velocidad controlan nuestros actos, es preciso pararse un momento y reflexionar.

Alguien dijo que no aprendemos de nuestros actos o errores, sino de la reflexión que hacemos sobre ellos. A menos que seamos capaces de cambiar estaremos abocados a repetir una y otra vez los mismos fallos.

En la vida cristiana se cumple la misma ley espiritual. Sólo crecemos interiormente cuando reflexionamos sobre lo vivido. Es verdad que acudimos a la Palabra de Dios, pero nuestra mirada debe penetrar en su profundidad, para extraer de ella los principios que rijan nuestra vida.

Hoy más que nunca el pueblo de Dios precisa meditar en el verdadero carácter de Dios. Sólo así podrá hacer frente a los grandes retos con los que se está enfrentando en los inicios del siglo XXI.

Cuando cae la hoja pretende ser un instrumento que ayude al hijo de Dios a poder vivir de forma más intensa y consciente su relación personal con el Dios verdadero. Las treinta y un reflexiones que se proponen están pensadas para la meditación diaria a lo largo de un mes. Mi convencimiento personal es que transcurrido este tiempo, al igual que un árbol con frutos maduros, la vida del lector habrá alcanzado una nueva dimensión en aplicación de estas reflexiones. Siguiendo el símil del título: Cuando cae la hoja nos permitirá arraigar cerca de la verdadera fuente o manantial de

agua pura, en la que fluye el Espíritu y nos hace llegar a ser árboles fuertes, reverdecidos con nuevas hojas y con abundante fruto.

A menudo nos encontramos en las librerías con libros de carácter devocional u homilético. En las predicaciones dominicales y sermones, o en mensajes y conferencias nos hablan de Dios, oímos de su persona, sus características, su esencia y naturaleza. Pero en gran medida el Dios verdadero sigue siendo un gran desconocido entre nosotros. Si prescindimos de nuestro conocimiento teórico, observamos que estamos a años luz de comprender de forma experiencial el verdadero carácter de Dios, ya que sus pensamientos y actitudes no son los nuestros. Las reflexiones que planteamos a continuación pretenden precisamente cubrir este vacío. Su uso devocional, diario, nos permitirá no sólo conocer algo más de la Palabra, sino especialmente al Dios de la Palabra. Sus ejemplos y sugerencias nos llevarán a plantearnos el vivir más conscientemente una relación de dependencia personal con Dios, de compañerismo y amor hacia él, de entrega confiada, fe y esperanza en que el Dios en el que hemos creído es realmente así, y puesto que es el verdadero Dios, nuestra forma de pensar, sentir o actuar no puede quedar impasible o ajena a su forma de ser.

A lo largo de las páginas siguientes comprobaremos cuan grande y majestuoso es el Dios único, pero al mismo tiempo sentiremos de primera mano su misericordia, su fidelidad, su alegría, su cuidado materno-paterno hacia nosotros sus hijos, etc. Nuestra mente y corazón serán transformados en la medida en que cale hondo en nosotros las verdades aquí expuestas, de modo que podamos exclamar ¡este es mi Dios!

José Manuel Palomo

01

Dos años después

Se encontraba José (el hijo de Jacob) en la cárcel, no por ser un delincuente, sino por ser un hombre íntegro, temeroso de Dios y respetuoso con su dueño Potifar.

Él había sido instruido y creía en el Dios de la Promesa, también tuvo una revelación muy directa a través de un sueño, pero su vida parecía avanzar en dirección contraria a lo que le fue anticipado: traicionado por sus hermanos, vendido como esclavo a un pueblo extranjero y ahora en la cárcel como un delincuente más.

Cuando estaba en la condición de esclavo tenía alguna esperanza de mejorar su situación, como le ocurrió en casa de Potifar, el cual, le tuvo tal reconocimiento que lo puso como mayordomo de su casa. Pero ahora, en la cárcel, lo más probable era que se pudriera allí hasta el final de sus días.

Ocurrió que el copero y el panadero del rey delinquieron y fueron llevados también a la cárcel. Estando allí, tuvieron un sueño cada uno que les influyó en su estado de ánimo. José, al verlos, se interesó por ellos y les dio la interpretación de sus sueños.

Las palabras que José dirigió al copero expresan su sufrimiento en aquel lugar: «*Yo te ruego que no te olvides de mí. Por favor, cuando todo se haya arreglado, háblale de mí al faraón para que me saque de esta cárcel. A mí me trajeron por la fuerza, de la tierra de los hebreos. ¡Yo no hice nada aquí para que me echaran en la cárcel!*»[1]

Cuado el copero salió de la cárcel y fue restaurado en su cargo, no volvió a acordarse de lo que José le había dicho. Sin embargo, en la cárcel, el ánimo de José fue iluminado por la esperanza y se decía a sí mismo:

–Hoy le hablará al rey y me sacará de la cárcel para que le sirva.

Pasados dos días...

–Es posible que el copero tenga que buscar el momento oportuno para decírselo.

Pasadas dos semanas...

–Debo tener un poco de paciencia porque las decisiones reales tienen que seguir su proceso.

Pasados dos meses...

–Definitivamente, o el copero se ha olvidado de mí, o el rey no considera que le pueda ser de utilidad.

Algunas veces, cuando José se acordaba del copero, posiblemente se sentía mal con él, otras, pensaba en Dios y se desanimaba no pudiendo entender como le permitía sufrir una situación tan injusta. Además, cuando recordaba el sueño que había tenido a los diecisiete años en el que el sol, la luna y once estrellas le hacían reverencias, la vida le parecía una gran ironía. Desde el momento que lo compartió con sus hermanos comenzaron para él todas sus desdichas: perdió su familia, su libertad, su dignidad y por si esto

---

1. Génesis 40:14 - 15

no fuera poco, encarcelado como traidor y delincuente. Realmente su vida era un puzzle en el que no encajaba ninguna pieza.

Pasados dos largos años en los que José esperó y desesperó por una vindicación de su causa, ocurrió algo que dio un giro a la situación: el mismo faraón tuvo un sueño que cautivó su ánimo, y comenzó a buscar quién se lo interpretase. Al oírlo, el copero recordó su experiencia en la cárcel y se la relató al rey. Inmediatamente éste dio una orden:

*El faraón mandó llamar a José. Y enseguida lo sacaron de
la cárcel. (Gén 41.14).*

José no sólo le interpretó el sueño, sino que también le sugirió un plan para asegurar que durante los siete años de escasez el pueblo no pasara hambre. Al faraón y a los que con él estaban les pareció bueno el plan. Y dirigiéndose a ellos les preguntó:

- *¿Podremos encontrar una persona así, en quién repose el espíritu de Dios?*[2]

Luego le dijo a José:

- *Puesto que Dios te ha revelado todo esto, no hay nadie más competente y sabio que tú. Quedarás a cargo de mi palacio, y todo mi pueblo cumplirá tus órdenes. Sólo yo tendré más autoridad que tú, porque soy el rey*[3].

Ni el mismo José podía imaginar lo que ocurriría en cuestión de una hora o de un día al otro. Sólo porque Dios chasqueó sus dedos,

---

2. Génesis 41:38
3. Génesis 41:39 - 40

pasó de ser considerado un delincuente a tener el reconocimiento y autoridad de Administrador General del Reino.

Dios tiene un día y una hora para los acontecimientos que deben producirse dentro de su plan. Cuando Dios quiere que algo ocurra, sencillamente ocurre.

José no entendía el por qué se encontraba en la cárcel, su ánimo estaba angustiado y pensó que el copero podía influir en su liberación. Realmente Dios estaba guiando cada detalle de la vida de José. Ciertamente el copero iba a ser un instrumento en manos de Dios para liberar a José de la cárcel, pero en su momento. Si el copero le hubiera hablado al rey de su experiencia en la cárcel cuando salió, muy posiblemente no hubiera surtido el efecto que tuvo más tarde, pues el rey no estaba interesado en que nadie le descifrara ningún sueño. Pero cuando Dios creó la ocasión, entonces fue sacado de la cárcel a toda prisa, no hicieron falta largos tramites para conseguirlo. Además, Dios también le dio las palabras adecuadas para ganarse el reconocimiento del rey y ser nombrado con el más alto cargo del reino.

Fueron *dos años después* de lo que José deseaba, dos años más que Dios se tomó para acabar su obra en José, pero también la bendición que recibió él y como consecuencia, su familia, fue mil veces más grande de lo que podía imaginar. Los planes de Dios, la sabiduría de Dios, las bendiciones de Dios, las sorpresas de Dios... ¿Quién puede alcanzar su pensamiento?

Pasando algún tiempo más, el mismo José dijo a sus hermanos unas palabras para consolarlos: *«Pero ahora, por favor no os aflijáis más ni os reprochéis el haberme vendido, pues en realidad fue Dios quien me mandó delante de vosotros para salvar vidas»* [4].

---

4. Génesis 45:5

Es como si alguien hubiera conectado la luz y de pronto, todo puede verse con claridad, no hay nada que no tenga su sentido en este plan que Dios había diseñado para crear de Abraham un gran pueblo. Cuando las cosas se ven en perspectiva suelen comprenderse y reconocer cómo la mano sabia y poderosa de Dios va conduciéndolas hacia el objetivo previsto.

Los sentimientos de injusticia y de frustración que tuvo José en los momentos difíciles no son diferentes a los que cualquier creyente puede experimentar a lo largo de su vida, pero lo realmente importante, es que tanto en el rechazo, en la traición, en la injusticia, en la soledad o en la indignidad, el corazón puede mantener viva la esperanza en quien todo lo sabe y todo lo puede, para cambiar las circunstancias y llenar de sentido lo incomprensible o inaceptable. Eso sí, en su momento.

Eres mi especial tesoro

Un tesoro es algo que tiene mucho valor, de lo contrario, no sería un tesoro. Hablar de tesoro, no sólo es hablar de dinero. Hay tesoros en la naturaleza, en las obras de arte y también personas que son un tesoro. Pero muchas de las veces, el valor no lo tiene el tesoro en sí mismo, sino que se le concede por diferentes razones. Por ello, no siempre una misma cosa es considerada como un tesoro por dos personas distintas. Por ejemplo, una colección de libros y documentos históricos serán un tesoro para un historiador pero dejarán indiferente a un artista.

Los tesoros de Dios tienen valor porque Él se lo ha dado, no porque lo tengan por ellos mismos, pues nada tiene mérito propio delante de Dios. Él es el creador original de todo verdadero tesoro. No habría tesoro alguno si Dios no lo hubiera deseado así expresamente. Una evidencia de ello, es el nacimiento e historia de un pueblo único entre todos los demás pueblos de la tierra, su distinción y grandeza llevó el sello de Dios a causa de su elección.

> *Vosotros seréis mi especial tesoro sobre todos*
> *los pueblos (Ex. 19.5).*

El pueblo de Israel acampó en el desierto poco después de haber cruzado el Mar Rojo, y Moisés subió al monte Sinaí para encontrarse con Dios. En aquel momento de intimidad, Dios le hizo declaraciones que nunca jamás hizo a nadie. El pueblo de Israel había llegado a ser un pueblo porque Dios lo había querido así, lo deseó y lo planeó desde mucho tiempo antes. Llamó a Abraham y lo preparó para ser el gran patriarca de las doce tribus. Les dio su nombre y conciencia de pueblo en las sucesivas generaciones y, en el último tiempo, dispuso todo para encontrarse con él en el desierto.

–*«Vosotros sois testigos de cómo os tomé sobre alas de águilas, y os he traído a mí*[5]. –Le dijo Dios a Moisés–.

–*«Sólo os pido que seáis obedientes y guardéis mi pacto. Vosotros me seréis un reino de sacerdotes y una nación santa»*[6]. – Continuó diciendo Dios a Moisés antes que se lo comunicara al pueblo–.

–*«Cumpliremos con todo lo que el Señor nos ha ordenado»*[7]. –Respondieron los israelitas–.

Por lo general los buenos tesoros se van formando con el tiempo, ésta es una de sus características, que les concede mayor valor. Dios fue paciente y cuidadoso con el desarrollo de su pueblo. En ocasiones, el pueblo pensó que las promesas que Dios les dio a sus padres eran una leyenda sin sentido, pero en los momentos más

---

5. Éxodo 19:4
6. Éxodo 19:6
7. Éxodo 19:8

difíciles y oscuros sirvieron para poner de relieve la gloria de Dios, frente a los otros dioses que invocaban los pueblos de la tierra.

¿Qué había hecho Israel para tener el honor de ser el pueblo escogido por Dios? En realidad el pueblo no había hecho nada para merecerlo, si acaso, el único mérito que Dios tuvo en cuenta fue la obediencia que mostró su padre Abraham cuando no rehusó entregarle a Isaac.

Ahora, Dios les pedía el mismo requisito: la obediencia. Esta condición era suficiente para satisfacer las expectativas de Dios respecto a su tesoro.

Dios se sentía feliz de tener un tesoro que cumpliera sus expectativas, se gozaba contemplándolo y bendiciéndolo en medio de los pueblos de la tierra.

Dios tenía más tesoros, pero de entre todos ellos, Israel era su especial tesoro. A ningún otro valoró como él, ni le mostró más amor, generosidad y ternura. Lo protegió y defendió como a nadie, lo cuidó y fue paciente hasta lo indecible. Era su especial tesoro.

A Dios no le hacían falta los mejores guerreros, tampoco los mejores artistas, ni los mejores sabios, sólo quería un pueblo que ejerciera el sacerdocio y la santidad. Y eso, ¿qué significa? Simplemente, que Él tiene suficiente con que sus hijos le honren y le adoren, lo demás corre de su cuenta.

Cuando tuvieron que enfrentarse a la ciudad amurallada de Jericó, no les hizo falta adiestrarse para la batalla ni preparar máquinas de guerra capaces de echar abajo los muros de la ciudad. Dios los instruyó para que desfilaran alrededor de aquella ciudad de forma ordenada, todos los soldados iban en silencio menos los siete sacerdotes que tocaban las trompetas delante del arca. Así por siete días ante la atónita mirada de los habitantes de la ciudad. Los muros se desplomaron sin que nadie los tocara, y los soldados entraron en la ciudad conquistándola sin ninguna dificultad. Darle gloria a Dios era lo principal, lo demás sólo eran pequeños «detalles» que él iba resolviendo sobre la marcha.

Cómo iba a tratar Dios a su pueblo delante de los demás pueblos, sino como su especial tesoro. Pero para ejercer el sacerdocio y la santidad, ante todo, hay que tener un espíritu de obediencia y confianza. Este tipo de obediencia y confianza que emana de la gratitud, de una profunda gratitud por haber recibido el privilegio de ser escogido como el especial tesoro de Dios.

¿Cómo se puede sentir un hijo de Dios cuando toma conciencia de que es su especial tesoro? ¿Existe un honor mayor para un ser humano? Puede el mundo entero tratarlo con indiferencia o menosprecio. Pero para Dios es su especial tesoro. Mucho más, cuando en el caso de aquellos que han aceptado a Cristo como Salvador y Señor de sus vidas, se ha pagado un precio tan elevado.

En la revelación de los últimos tiempos que tuvo el apóstol Juan, se le acercó un ángel y le habló así: *«Ven que te voy a presentar a la novia, la esposa del Cordero»*[8]. Y explica que resplandecía con la gloria de Dios, y su brillo era como el de una piedra preciosa, semejante a una piedra de jaspe transparente.

Dios se complace en contemplar y cuidar de su tesoro hasta que lo disfrute en toda su plenitud. Es cierto que con frecuencia debe limpiarlo de todo aquello que no lo dignifica, pero eso también muestra lo importante que es para Él.

¿Quién le podría arrebatar a Dios su tesoro? ¿Quién podría malograrlo? Si alguien se acerca a su tesoro es porque Él se lo permite, nadie puede tocarlo sin su consentimiento y, si alguien llega más allá, sólo será hasta donde Dios quiera.

---

8. Apocalipsis 21:9

Si «*donde se encuentra el tesoro del hombre, allí también está su corazón*»[9] -decía Jesús-, ¿cuánto más el corazón de Dios velará donde hay una pequeña joya de su especial tesoro?

9. Mateo 6:21

03

Éste es mi Dios

Una de las características más significativas del pueblo de Dios es que canta, y sus cánticos, son cánticos dedicados a ensalzar su nombre y a transmitir sus enseñanzas. Los hijos de Dios cantan cuando están alegres, cuando están tristes, y cuando Dios les inspira para que comuniquen alguna cosa importante. La Biblia está llena de cánticos de hombres y de mujeres que quedaron admirados por la grandeza de Dios, por su misericordia y poder, por su sabiduría y amor, y por lo inefable de su conocimiento.

El más antiguo de los cánticos que se ha conservado a través de los años, es el que cantó Moisés y su pueblo en honor al Señor:

El Señor es mi fuerza y mi cántico, él es mi salvación.
Este es mi Dios, y lo alabaré. Ex. 15.2

En este cántico todo Israel expresaba su reconocimiento de la gloria de Dios. Ni los más dotados de fantasía podían imaginar lo que él haría con Israel y Egipto en el Mar Rojo. A lo largo de sus estrofas describe lo sucedido y atribuye el triunfo únicamente a Dios en una acción realmente sobrenatural. El Dios de Israel hundió el orgullo de Egipto junto con el de todos sus dioses. No había mérito alguno en Israel, solo Dios era su fuerza y salvación. Israel estaba en gran manera impactado por todo lo ocurrido y expresaba su confianza en los planes futuros que Dios tenía para ellos. «¡El Señor reina por siempre y para siempre!»[10] Repetían una y otra vez mientras concluían su cántico de alabanza.

Israel había estado por muchos años con complejo de «Dios pequeño». La cuestión era que los dioses de Egipto tenían que ser más grandes que el Dios de Abraham, Isaac y Jacob, pues ellos estaban arriba: tenían un gran país, un poderoso ejercito, grandes edificios, y en cambio, el pueblo de Israel solo tenía miseria, y sufrían la condición de esclavos. ¿Quién quisiera tener un dios como el Dios de Israel que permitía que su pueblo viviera en aquella situación? A partir de ahora, siempre que elevaran un cántico de alabanza podrían expresar con la cabeza bien alta y toda la fuerza de sus pulmones: «¡Éste es mi Dios!». Sí, ésta es una expresión única en los cánticos que siguieron más tarde. Es una expresión que implica un «santo orgullo» por tener por Dios, el más grande de todos los dioses. En realidad el único Dios verdadero.

¡Éste es mi Dios! El que puede todas las cosas, grandes y pequeñas, nada hay difícil para Él, con una sola palabra puede hacer más que toda la humanidad en toda su historia.

---

10. Éxodo 15:18

¡Éste es mi Dios! El que lleno de misericordia se ha dignado a mirarme, a llamarme y a atraerme hacia Él, haciéndome valioso sin mérito alguno por mi parte.

¡Éste es mi Dios! El que mostró un amor tan grande por mí, que fue capaz de permitir el sacrificio de su amado Hijo para rescatar mi vida de la condenación eterna.

¡Éste es mi Dios! El que ha llenado mi vida de amor, paz, alegría y esperanza.

¡Éste es mi Dios! El que me sorprende cada día con su sabiduría, El ve mi corazón y lo comprende, conoce mis necesidades y las suple, ha preparado cosas preciosas para mi vida que sin duda le glorificarán.

¡Éste es mi Dios! El que bendice mi vida con su cuidado paternal, me escucha y me habla, me esfuerza y alienta, me consuela y dirige para que crezca en su dignidad.

¡Éste es mi Dios! El que me ha preparado un lugar en su casa, para que todo su amor por mí pueda ser cumplido en su presencia y después que me reúna con El, nunca más nos separemos.

Hay cánticos que deberíamos cantar cada día, nuestro corazón lo necesita, es parte de su alimento espiritual. Producen paz y seguridad en medio de los conflictos, nutren de la alegría de vivir cada momento, como un don, y ayudan a ver lo que otros ni imaginan. Son cánticos que enriquecen el espíritu y nos llevan a disfrutar de la presencia de Dios en una intimidad única.

Dios nos hace vivir experiencias en nuestra vida para que podamos elevar cánticos de alabanza a su nombre, de regocijo y gratitud. Nuestro Dios es el Dios de las cosas importantes que pasan en nuestra vida, de todas aquellas que tienen trascendencia y sacuden nuestro corazón.

¡Éste es mi Dios! Al que le gustan los cánticos de alabanza, el mismo que los inspira. Nunca antes el desierto había escuchado cánticos como aquellos, hasta el Cielo entero estuvo atento al cántico de Israel. Todo el pueblo, ancianos y jóvenes, a una sola voz cantaron: «¡Éste es mi Dios!»

Con cánticos como éste se celebró el paso del Mar Rojo, el manantial de agua que entregó la peña de Horeb, el maná diario, y la conquista de Canaán. El que tiene su confianza puesta en Dios le canta cuando espera en Él, cada vez que ve las muestras de su amor, y se deleita expresándole sus sentimientos y pronunciando su nombre.

Todos los pueblos del mudo tienen su dios, y es su dios porque ellos lo han creado y le han asignado atributos. Así pueden decir: ¡Éste es mi dios!» y llenar un vacío que había en su alma. Su dios es ciego y sordo, pero tienen dios.

El hijo de Dios dice: «¡Éste es mi Dios!» tal como un niño dice: «¡éste es mi padre!». La razón principal es porque no existe otro padre posible que haya podido engendrarle, además, vive en dependencia y disfruta de una relación de amor con Él.

Con todo, hay una diferencia muy interesante entre los que han creado un dios y los hijos de Dios. En los primeros, su dios es una proyección de sí mismos, en los segundos, ellos son una proyección de Dios.

$\mathcal{N}$ i con ventanas
en el cielo

$\mathcal{H}$ay cosas tan difíciles de creer que, cualquiera que las diga, o las asuma, o le tacharán de loco, ingenuo, iluso, o sencillamente, se le menospreciará creyéndose que no conecta con la realidad.

Existen varias razones para no dar crédito a todo lo que oímos. Una de ellas es el *sentido común*, que es sinónimo de sensatez. Otra de ellas, es la *experiencia*, la cual nos orienta a enfrentarnos de forma inteligente ante las nuevas situaciones. Y la tercera, con mucho más peso específico, es la *científica*. Esta razón es difícil de discutir porque se basa siempre en evidencias objetivas y no en apariencias u opiniones.

Eliseo era un profeta que en sus intervenciones siempre iba rompiendo la lógica científica, la experiencia y el sentido común. Una de estas intervenciones tuvo lugar en la ciudad de Samaria, cuando ésta se encontraba pasando uno de sus peores momentos. Los sirios habían sitiado la ciudad, y el asedio fue tan prolongado que sus habitantes se encontraban en una extrema necesidad. A tal punto llegó el hambre que padecían, que una cabeza de asno (animal inmundo para los judíos) costaba ochenta monedas de plata. Esto no fue todo, el dramatismo llegó a los límites más inauditos cuando un día, el propio rey rasgó sus vestiduras al presenciar una disputa a causa de un acto de canibalismo. Dos mujeres habían pactado comerse a sus hijos, una de ellas entregó al niño para ser sacrificado, pero al día siguiente, la madre del otro lo escondió, y la del primero pedía justicia.

En aquella situación tan desesperada, Eliseo les habló en nombre de Dios y les dijo que al día siguiente unos 12 kg. de flor de harina costarían una sola moneda de plata, y por el mismo coste, podrían comprar doble cantidad de cebada. No cabe duda que era chocante, pero si realmente era *palabra de Dios...* ¿Dónde estaba el problema?

Una de las personas más nobles del reino, el consejero personal del rey, al escuchar las palabras de Eliseo tuvo una reacción original:

> *Aun si el Señor abriera las ventanas del cielo,*
> *¡no podría suceder tal cosa! (2 Rey 7.2).*

¿Podríamos calificar esta afirmación de pura incredulidad? Yo diría que sí, ni siquiera pudo pensar que lo que el profeta decía podría ser cierto. En ocasiones puede darse una incredulidad velada, esto ocurre cuando pensamos que Dios puede realizar algo que le hemos pedido pero no estamos seguros de que lo vaya a hacer. En este caso, el consejero del rey estaba seguro de que Dios no podía hacer aquel milagro. ¡Vaya consejero! No creía que en el cielo pudiera haber suficiente harina y cebada como para bajar tanto su precio: *«Aunque el cielo se vaciara, no podría suceder tal cosa»*[11].

Desde luego, la lógica científica le apoyaba, la experiencia también y por supuesto, el sentido común. Pero fue un insensato.

Como creyentes podemos decir que no tenemos ni idea de cómo Dios va hacer sus milagros, pero declarar que Él no puede hacer milagros, realmente es una ofensa. Eliseo lo interpretó así, y le dijo a continuación: *«Lo verás con tus propios ojos, pero no llegarás a comerlo»*[11].

Aquella noche, Dios había confundido a los sirios haciéndoles oír el ruido de carros de combate y de caballería como si fuera un gran ejército. De tal modo quedaron consternados que llegaron a creer que el rey de Israel había contratado al ejercito hitita y egipcio para atacarlos. Su reacción fue inmediata, emprendieron la fuga abandonándolo todo para salvarse.

Pero la ciudad de Samaria seguía ignorante de lo sucedido, eran libres y seguían como prisioneros, tenían abundante cantidad de provisiones a su disposición y seguían sufriendo el hambre.

En la puerta de la ciudad había cuatro hombres leprosos, rechazados socialmente a causa de su enfermedad, que decidieron acercarse al campamento sirio dispuestos a recibir tanto la vida como la muerte de las manos del ejército enemigo. Al llegar al campamento les extrañó no encontrar a nadie, entraron en una de las tiendas de campaña y comieron y bebieron hasta hartarse, luego tomaron oro, plata y ropa para esconderla. No podían creer lo que estaban viendo.

---

11. 1ª Reyes 7:2

Pasadas las primeras horas de euforia y sorpresa, reflexionaron y se acordaron de sus hermanos sintiendo mucha carga por su necesidad, por lo que decidieron volver a la ciudad y darles la buena nueva.

Cuando los samaritanos se aseguraron que la noticia de los hombres leprosos no era una trampa del enemigo para cazarles fuera de la ciudad, salieron todos en tropel hacia el campamento de los sirios, arrollando a su paso al consejero del rey que se encontraba en la puerta de la ciudad vigilando. A las pocas horas, se estaba cumpliendo al pie de la letra la profecía hecha por Eliseo, y los samaritanos salvaban su vida.

Sin abrir las ventanas del cielo Dios hizo realidad lo imposible. Los recursos de Dios son infinitos y siempre nos sorprenden, no hay nada difícil para Él. De un día al otro todo quedó trastocado: los sirios perdieron el control de la situación y desaparecieron, a los miserables leprosos se les concedió la facultad de salvar la vida de la ciudad, los hambrientos y desesperados samaritanos nadaron en la abundancia, el incrédulo no pudo disfrutar de la gran bendición, y la palabra del profeta fue cumplida escrupulosamente. Todo eso, sólo porque Dios hizo «un poco de ruido».

Así son los misterios de la inescrutable sabiduría de Dios. Todo lo que necesitaba Samaria estaba allí, muy cerca de la ciudad, los sirios se lo habían traído para ella sin saberlo. Solo era necesario hacer un cambio de dueño, y esto no era tan complicado para aquel que es el Señor de todo.

¡Exprésalo como lo sientas!

Los niños saltan de alegría cuando algo les hace muy felices, muchos adultos también lo hacen si su equipo de fútbol gana la copa. Es una forma de manifestar un sentimiento interior al que se le da libertad de expresión corporal.

Los hijos de Dios también saltan de alegría en ocasiones muy significativas, se alegran y gozan en su presencia porque tienen fundamentalmente un corazón agradecido.

Alegrarse, gozarse y saltar de alegría pueden ser tres cosas diferentes, pero a su vez, también complementarias cuando son distintas formas de expresar un mismo sentir.

En una de sus cartas, el apóstol Pablo refiriéndose a la integridad del ser humano, lo describe en tres entes: espíritu, alma y cuerpo. Cada uno de estos aspectos de la persona tiene una forma particular de comunicar lo que siente: el espíritu se goza, el alma se alegra y el cuerpo salta de alegría.

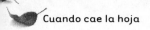

Me gusta la expresión del salmista, cuando llevado por la inspiración divina armoniza en esta expresión las tres formas de manifestar un profundo y vivo sentir:

> *Pero los justos se alegrarán; se gozarán delante de Dios,*
> *y saltarán de alegría (Sal. 68.3).*

Es cierto que por diferentes motivos los justos pueden alegrarse, gozarse y saltar de alegría delante de Dios, Él tiene infinitos recursos para llegar al corazón de sus hijos. Pero el motivo más importante, el que hace vibrar con más intensidad a los hijos de Dios sensibles a su amor y grandeza, es el más simple y esencial: *por ser quien es.* Sin embargo, me encanta observar las diferentes manifestaciones del corazón agradecido de los justos.

El justo se alegra en la alabanza. Cuando está alegre alaba a Dios y, a su vez, se alegra por alabarlo. Es la gratitud que experimenta por todo lo que recibe de Él y, al mismo tiempo que recibe, da con alegría porque puede servirle con su tiempo, sus talentos y sus bienes.

La última vez que David convocó al pueblo de Israel para hablarle, les confesó su profundo deseo de edificar un templo en el cual reposara el arca del pacto del Señor. Dios había determinado que fuera Salomón y no David su padre el que edificara el templo, puesto que David era un hombre de guerra. Seguidamente, David entregó el plano del templo a su hijo asegurando que Dios lo había guiado en todo el diseño. Además, le preparó todos los materiales necesarios para poderlo construir: gran cantidad de oro, plata, bronce, hierro, madera, mármol y piedras preciosas. Después invitó a todos aquellos que quisieran ofrendar voluntariamente para la casa de Dios. Inmediatamente el pueblo respondió de forma espontánea y generosa alegrándose mucho por contribuir de todo corazón a la edificación del templo.

Al ver la respuesta del pueblo, David se sumó a su alegría bendiciendo y alabando a Dios en presencia de todos. Reconoció en su alabanza la grandeza y la generosidad del Señor: *«Todas las cosas que están en los cielos y en la tierra son tuyas»*[12]. Ésta es la esencia de la alabanza, devolver a Dios lo que es suyo: la magnificencia, el poder, la gloria, la victoria, el honor, la eminencia, la riqueza y la vida. El justo se alegra en la alabanza porque devuelve parte de lo que recibe.

El justo salta de alegría en la victoria. Cuando hay victoria es porque primero ha habido algún tipo de lucha, la lucha se hace con esfuerzo, en el esfuerzo puede haber tensiones, tensiones que en el momento de la victoria se liberan. El corazón y el cuerpo actúan unidos en la expresión de los sentimientos de alegría, liberación y triunfo.

El pueblo de Israel a menudo tenía que enfrentarse con los filisteos, el corazón de las mujeres de Israel se encogía hasta que volvían a ver a sus seres queridos. Durante el día y la noche su pensamiento estaba en el frente de batalla, las noticias iban y venían sin conseguir tranquilizar a los que habían quedado en las ciudades.

En aquella ocasión el ejército se enfrentaba a una situación particular. Un gigante que militaba en las filas filisteas se adelantó y habló a los soldados israelitas proponiéndoles que redujeran la

---

12. Salmo 89:11

batalla a un solo combate entre él y cualquiera de ellos. El ejército de Israel tuvo miedo y fue incapaz de reaccionar. David apareció en escena, aunque no formaba parte de las huestes israelitas, y se enfrentó al gigante Goliat derribándolo de un tiro de onda. Dios mostró de nuevo a través de su ungido la protección y cuidado por su pueblo. Cuando volvieron las tropas de Israel después de vencer y dispersar a los filisteos, salieron a su encuentro las mujeres de todas las ciudades de Israel cantando y danzando, para recibir al rey Saúl, con panderos, con cánticos de alegría y con instrumentos de música. Y cantaban las mujeres que danzaban, y decían: «*Saúl hirió a sus miles, y David a sus diez miles*»[13]. Los justos saltan de alegría al no poder reprimir su júbilo cuando experimentan la victoria en su Dios.

El justo se goza en la adoración. Su corazón se funde en la presencia de Dios en un sentimiento de admiración y reconocimiento de lo que Dios es por sí mismo, por su grandeza y amor hacia el ser humano indigno de estar ante Él. El justo sabe que las cosas están en orden cuando se encuentra en un estado de adoración, esto agrada a Dios, lo honra y lo glorifica, no tanto porque ha hecho nada a favor de sus hijos, sino porque es el Dios y Señor de todo.

Cuando el rey Ezequías subió al trono de Judá, lo primero que hizo fue limpiar el templo y restaurar la verdadera adoración al Señor a un nivel nunca visto anteriormente. Quitó los lugares altos, rompió las imágenes y abrió las puertas del templo. Decidió celebrar la Pascua llamando a la nación entera: Israel y Judá, fiesta que no se realizaba desde el tiempo de Salomón. Por siete días

---

13. 1ª Samuel 21:11

celebraron en Jerusalén la fiesta solemne de los panes sin levadura con gran gozo, y glorificaban al Señor los levitas y los sacerdotes, cantando con instrumentos resonantes al Señor. El gozo que sentían en la presencia de Dios era tanto, que le pidieron a Ezequías prolongar otra semana la celebración.

Cuando lo más esencial de un hijo de Dios se comunica con su Padre celestial y percibe la influencia de su presencia, todo lo demás pierde protagonismo. Dios y su hijo en intimidad, todo está perfecto. Espíritu, alma y cuerpo vibran con distinta frecuencia según su naturaleza. El cuerpo salta ¿Por qué no, si es de alegría? El alma se alegra ¿Podría ser de otra forma con un Dios tan grande? El espíritu se goza, lo difícil sería que no lo hiciera si su Creador lo contempla lleno de amor.

¡Vaya huéspedes!

Me gusta pensar en lo que escribe el autor de la carta a los Hebreos cuando dice que: «*Algunos, sin saberlo, hospedaron ángeles*»[14]. Aunque esta expresión me suscita una pregunta: ¿realmente, puedes tener un ángel de Dios en casa y no darte cuenta? Supongo que cuando allí está escrito será por algo, pero todas las veces que la Biblia hace referencia a ángeles que visitaron a humanos, sus protagonistas se dieron cuenta al instante de que eran seres que el Cielo enviaba. A no ser que... a sus anfitriones, les ocurriera lo mismo que a los discípulos de Emaús: sus ojos estaban velados para que no reconociesen a Jesús.

¿Qué clase de velo tendrían los ojos de aquellos discípulos que podían percibir todo menos a Jesús? ¿Quizás estaba oscuro y su voz había cambiado? ¿Acaso la mente de los discípulos se encontraba demasiado abstraída en los sucesos y noticias que corrían en los últimos días? ¿O era un velo sobrenatural el que les impedía identificar lo que veían?

---

14. Hebreos 13:2

En cualquier caso, había una desconexión entre lo que percibían sus ojos y lo que reconocían sus mentes. Al llegar el momento en que Jesús bendijo el pan y lo partió, ellos lo reconocieron y exclamaron: «*¿No ardía nuestro corazón mientras conversaba con nosotros en el camino y nos explicaba las Escrituras?*»[15] Exacto, cuando Jesús les hablaba su corazón ardía, pero no sabían por qué, no fueron capaces de tomar conciencia de quién estaba a su lado aunque experimentaban una emoción difícil de contener.

Pensando en estos discípulos, viene a mi mente una cuestión que me toca más de cerca: cuando el creyente abre su corazón a Dios aceptando a Jesucristo como Salvador y Señor de su vida, en este momento, el Espíritu Santo se convierte en huésped de su corazón y el cristiano pasa a ser Templo del Dios viviente.

Si esto es así, me asaltan dos preguntas: ¿alguien puede tener como huésped al Espíritu Santo y no experimentar algo especial? Y a su vez, ¿es posible que albergando tal huésped el hijo de Dios pueda pasar desapercibido entre los que le rodean?

Dios no puede separarse de su esencia: amor, alegría, paz, poder, luz espiritual y tantas otras cosas. Si lo hiciera, ya no sería Dios. Entonces, en cualquier lugar donde el Espíritu de Dios se halle, estarán con Él sus atributos. Por supuesto, si establece su residencia en el corazón del creyente, éste ya no será un corazón normal, la importancia de tal huésped ha de transformar necesariamente este lugar con su poderosa influencia.

Relacionado con esto, hay algo que dijo Jesús que me parece muy grande, tan grande que me siento incapaz de abarcarlo:

---

15. Lucas 24:32

El que me ama, obedecerá mi palabra, y mi Padre le amará, y haremos nuestra vivienda en él. (Juan 14.23).

El creyente que ama a su Salvador, se deleita en guardar su palabra y, como consecuencia, Padre e Hijo vienen a residir por medio del Espíritu Santo en su corazón. Esta declaración es impresionante, ¿qué otro dicho se le puede comparar? A partir de este momento, no sólo puedo decir: «Padre nuestro que estás en los cielos...» sino también: «Padre nuestro que estás en mi corazón». Este descubrimiento es el que me resulta difícil de abarcar: Padre, Hijo y Espíritu morando en mi ser, ¿cómo es posible tal cosa?

Hablando de templos, viene a mi mente la ceremonia que tuvo lugar en la dedicación del primer templo que Israel construyó para Dios. En el discurso que hizo Salomón, expresó unos sentimientos que me sobrecogen: «*Pero ¿será posible, Dios mío, que tú habites en la tierra?*» - decía Salomón - «*Si los cielos, por altos que sean, no pueden contenerte, ¡mucho menos este templo que he construido!*»[16]

Si la inmensidad de los cielos no pueden contener la grandeza de Dios, mucho menos lo haría el gran templo de Salomón en sus tiempos. Entonces, ¿por qué razón ha de poder hacerlo un corazón humano sin reventar en el intento?

A veces pienso que mi corazón es un espacio virtual en el que caben infinidad de cosas: todo aquello que tiene valor para mí, tiene su lugar en él. Pero concebir que el Dios Padre, Hijo y Espíritu Santo pueda morar en su interior cuando la inmensidad de los cielos apenas puede albergarlo, escapa a mi capacidad de razonamiento.

---

16. 1ª Reyes 8:27

Claro que, razonando solamente, puedo perderme cosas maravillosamente grandes y entrañables, así como les ocurrió a los discípulos de Emaús: anduvieron un buen tiempo razonando con Jesús y no fueron capaces de disfrutarlo.

Esto ocurre a veces con los anfitriones, pueden tener un huésped importante, más importante que un ángel y no disfrutarlo. Marta, la hermana de Lázaro, estaba tan ocupada sirviendo a Jesús que se perdió la oportunidad de ser bendecida como María, que sentada a sus pies le escuchaba extasiada.

Nuestro corazón puede recibir al huésped más grande de todos los huéspedes, pero si nuestro espíritu no tiene la capacidad de percibir, atender, reconocer, apreciar, sentir, escuchar, ver, descubrir, observar, entender y deleitarse con él, se dará la más grande de las paradojas: estando presente, será el gran ausente.

¿Cómo no he de hacer igual que María aunque haya tanto ruido alrededor, y tanta gente ocupada yendo y viniendo, si con un acto de voluntad puedo dejarme cautivar por el más inconmensurable de todos los huéspedes que pueda recibir mi corazón?

Marta le recriminó a Jesús dos cosas y le exigió una: no ser sensible a su situación, y no persuadir a María para que le ayudara. Por tanto, lo «propio» era ordenar a María que se perdiera la oportunidad de deleitarse con él y fuera a servir a los invitados con ella.

No quisiera que mi Huésped Celestial tuviera que decirme como a Marta: «*Estás inquieta y preocupada por muchas cosas, pero sólo una cosa es necesaria. María ha escogido la mejor, y nadie se la quitará*»[17].

---

17. Lucas 10:41

07

¡**Q**ué cosas tienen algunos!

Las personas pueden pasar de la candidez a la insensatez con mucha facilidad, todo depende del reconocimiento que le den a su interlocutor. Uno puede ser cándido cuando es incapaz de comprender el alcance de su expectativa, del mismo modo, se convierte en insensato si persiste en no aceptar lo absurdo de su expectativa.

Una historia muy peculiar que pasó hace muchos años comenzó cuando Balac rey de Moab tuvo temor del progreso del pueblo de Israel y pensó una estrategia segura para derrotarlos. Envió mensajeros al vidente Balaam para que viniera y maldijera a Israel, pues tenía la seguridad que tanto las bendiciones como las maldiciones que profería Balaam se cumplían. Así que cuando Balaam recibió la petición consultó a Dios quien le dijo que no podía maldecir a Israel porque era un pueblo bendito.

¡Qué cosas tienen algunos! ¡Cómo se puede ser tan cándido! ¿Se puede pensar que el Dios de Israel va a dar palabra de maldición para su propio pueblo permitiendo que su enemigo lo derrote? Tanto a Balac como a Balaam parece que alguien les sorbió el seso dejándoles sin sentido común. Uno por pretenderlo y el otro por consultarlo.

Los mensajeros volvieron a Moab sin el vidente y a partir de ahí comenzó la insensatez. ¿Aceptaron la respuesta de Dios como válida y definitiva? Demasiado sencillo, las cosas hay que complicarlas más para que sean interesantes. Balac insistió enviando nuevos mensajeros más importantes y prometiéndole todo tipo de riquezas a Balaam. Éste volvió a consultar a Dios, cosa que no le agradó porque ya le había declarado claramente que Israel era el pueblo que tenía su bendición.

Sin embargo, Dios le dice que vaya con ellos aunque en el camino le muestra su desagrado por medio de su ángel. Al llegar a Moab, Balac fuerza cuatro intentos para conseguir la maldición sobre Israel. Balaam sólo puede declarar cuatro preciosas bendiciones que Dios pone en su boca. En la segunda de ellas, expresa unas palabras que manifiestan uno de los rasgos más admirables de Dios:

> *Dios no es un simple mortal para mentir y*
> *cambiar de parecer.*
> *¿Acaso no cumple lo que promete ni lleva a cabo*
> *lo que dice? (Núm 23.19)*

Lo que entraba dentro de lo posible para el rey y el vidente no lo podía ser para cualquiera que conociera un poco al Dios de Abraham, de Isaac y de Jacob.

¿Dirá Dios una cosa por otra? Esto sería mentir, y nadie como Él condena la mentira. ¿Será Dios inestable en su forma de pensar y sentir? Esto va contra su esencia, nunca ha aprobado la ambivalencia. Ni mentiras ni cambios de parecer, Dios es fiel y estable.

Al tratar con Dios muchos podrían decir que no entienden sus planes, pero acusarle de incumplidor, no sólo sería una ofensa, sino una afirmación motivada por la ignorancia. Para que Dios no cumpliera lo que promete sería necesario que perdiera sus atributos, y en este caso, dejaría de ser quien es. ¿Qué tipo de Dios sería si dejara de ser fiel, o justo, o misericordioso, o sabio, o todopoderoso? Mucho más difícil que una persona cambiara el color de sus ojos o la forma de sus huellas digitales, sería el que uno sólo de los atributos de Dios cambiara una milésima de grado.

Uno de los ejemplos más claros e impresionantes de la inmutabilidad de Dios se manifestó en el Getsemaní. Tal como narra el evangelista Lucas, se apartó Jesús de sus discípulos y arrodillándose oraba diciendo: *«Padre, si quieres, pasa de mí esta copa; pero no se haga mi voluntad, sino la tuya». Y se le apareció un ángel del cielo para fortalecerle. Y estando en agonía, oraba más intensamente; y era su sudor como grandes gotas de sangre que caían hasta la tierra*[18].

El Cielo y la Tierra estuvieron pendientes de la respuesta del Padre a esta oración. ¿Cambiaría el Padre lo que había dispuesto a causa del sufrimiento del Hijo y le evitaría beber aquella amarga copa? Lo que ocurrió lo sabemos todos: fue colgado en una cruz, cayeron las tinieblas al medio día, el velo del templo se rasgó, la tierra tembló, Jesús expiró y al tercer día resucitó.

---

18. Lucas:22 - 42

Dios es amor y nunca puede dejar de serlo, nos amó de tal forma que entregó a su amado Hijo para que pudiéramos ser salvos por medio de él. Dios es justo y tampoco puede dejar de serlo, por eso, condenó al pecado con la muerte y todos quedamos separados de la gloria de Dios eternamente.

Sólo en la persona de Jesucristo pudieron encontrarse el amor y la justicia de Dios dándose la mano para hacer posible el milagro más grande de la historia: el Hijo de Dios pagó el precio del rescate del ser humano haciendo posible que todo aquel que en Él crea no se pierda más tenga vida eterna.

¡Qué cosas tienen algunos! ¿Puede Dios maldecir a quien bendijo? ¿Puede cambiar Dios uno de sus dichos o promesas cuando en la decisión más grande que tuvo que realizar no le tembló la mano? ¿Podrá alguien dudar de la declaración del Hijo de Dios?: *«Mis ovejas oyen mi voz, yo las conozco y ellas me siguen. Yo les doy vida eterna, y nunca perecerán, ni nadie podrá arrebatármelas de la mano. Mi Padre que me las ha dado, es más grande que todos, y de la mano del Padre nadie las puede arrebatar. El Padre y yo somos uno»* [19].

Si alguien pensara en maldecir a un hijo de Dios, o simplemente en consultarle la posibilidad de hacerlo como Balaam, por supuesto que sería un cándido o un ignorante. Si después de conocer estas palabras de Jesús siguiera insistiendo, sería el más insensato que habría sobre la tierra. ¡Qué cosas tienen algunos!

---

19. Juan 10:27 - 30

Algo que lo cambiará todo

Los expertos dicen que estamos destruyendo nuestro planeta en una progresión creciente, o lo que es lo mismo, el deterioro del planeta en el periodo de tiempo actual es mucho más grave que en el mismo periodo de tiempo en el pasado siglo.

Estamos llenando la tierra de basura que no se recicla, los bosques son destruidos sistemáticamente igual que los ríos y mares son contaminados, muchas especies animales se extinguen, la capa de ozono está dejando de proteger la tierra de los rayos ultravioletas del sol, los ricos cada vez lo son más y los pobres son más pobres cada vez, mientras unos tienen problemas por exceso de alimentación otros mueren de hambre, aunque el mundo hace años que produce suficiente para sus necesidades, las nuevas enfermedades arrasan la vida de millones de personas, el odio entre etnias y religiones es cada vez más fuerte, y los países con armas atómicas tienen capacidad para destruir el mundo cien veces.

Nuestro mundo fundamentalmente es un mundo de contrastes, de tal forma que, visto en perspectiva, llegamos a la conclusión de que está verdaderamente loco. Alguien lo comparó a una persona obesa que es víctima de tal ansiedad, que come sin medida aún sabiendo que va hacia una muerte prematura pero, no puede dejar de hacerlo.

Ciertamente vivimos en un mundo insensible, ambicioso e injusto, en el que, ni las voces de queja y súplica que se alzan aquí y allá, ni las imágenes de horror que los medios de comunicación emiten constantemente, ni los esfuerzos de los más voluntariosos, son suficientes para frenar un poco esta locura autodestructiva, equilibrar las diferencias, o aliviar el dolor de muchos.

Todo esto me hace pensar en el profeta Habacuc, él también se quejó a Dios por la injusticia que su pueblo sufría y por el predominio del mal sobre el bien. En sus tiempos, la tierra también estaba poblada por personas con la misma dureza de corazón que en el día de hoy, y Dios le expresó su condenación contra cinco tipos de pecado: la codicia de los que nunca tienen suficiente, los que acumulan ganancias de forma ilícita, la política de violencia, el libertinaje y la corrupción moral, y la idolatría en todas sus formas.

Pero junto con esta declaración, Dios le dio un preciosa promesa para el futuro:

Porque así como las aguas cubren los mares, así también se llenará la tierra del conocimiento de la gloria del Señor. (Hab. 2.14).

No sé lo que pensó en este momento Habacuc, pero ante la imagen que generan estas palabras, uno no puede por menos que quedar extasiado en su visión. ¡Qué bello es el mar! Como un pedazo de cielo puesto en la tierra, entre todas las cosas hermosas de la naturaleza, ninguna tan uniforme como el mar, su azul intenso se extiende hasta el horizonte y sus límites no los puede alcanzar la vista ni sus profundidades la imaginación, sus olas acarician playas y rompen en los acantilados día y noche, su murmullo arrulla el alma, y toda su contemplación inspira paz, una profunda paz.

Tal como las aguas cubren montes y valles formando los mares, de la misma forma el conocimiento de la gloria del Señor llenará la tierra y los corazones de sus habitantes. No hay mejor antídoto contra la ambición, el odio o la insensibilidad que el conocimiento de la gloria de Dios.

Cuando Saulo de Tarso se dirigía a Damasco para apresar a los cristianos, una luz celestial lo rodeó y escuchó la voz del Señor. Su vida cambió convirtiéndose en un instrumento divino. Los discípulos que vieron a Jesús transfigurado en el monte perdieron interés por toda otra cosa y sólo querían quedarse allí para su contemplación. En su destierro en la isla de Patmos, Juan vio a Jesucristo glorificado y cayó como muerto a sus pies. Nada puede resistirse a la gloria de Dios. De la misma forma que las tinieblas desaparecen cuando irrumpe la luz, así la gloria de Dios transforma todo lo que alcanza.

Dios le prometió a Habacuc que vendría un momento en que el mundo entero tendría conocimiento de la gloria de Dios, mientras, la visión puede ser desoladora, como algunas playas que he visto cuando la marea está baja y el paisaje se encuentra ausente de encanto. El mar se ha retirado un par de millas dejando al descubierto las oscuras algas esparcidas por una superficie de piedras y arena donde pequeñas criaturas marinas perecen por falta de su líquido vital pero, cuando vuelve a subir la marea, de nuevo la bahía vuelve a recuperar su esplendor y la luz del sol brilla sobre el precioso mosaico azul.

«La creación aguarda con ansiedad la revelación de los hijos de Dios, porque fue sometida a la frustración» -escribía el apóstol Pablo a los romanos-. *«Pero queda la firme esperanza de que la creación misma ha de ser liberada de la corrupción que la esclaviza, para así alcanzar la gloriosa libertad de los hijos de Dios. Sabemos que toda la creación aún gime a una, como si tuviera dolores de parto. Y no sólo ella, sino también nosotros mismos, que tenemos las primicias del Espíritu, gemimos interiormente, mientras aguardamos nuestra adopción como hijos, es decir, la redención de nuestro cuerpo»*[20].

Lo mejor está por venir, tanto para este planeta como para aquellos que han aceptado a Cristo como Salvador y Señor de sus vidas. Mirar en la misma dirección que mira la creación es unirnos a su misma esperanza, es descentrar la atención del mal que se vive hoy para comenzar a palpar el bien venidero, es permitir que la fuerza de la esperanza siga generando vida en nosotros como lo hace en la naturaleza que, por más agresiones que recibe, persiste en emerger con la primavera que llena la tierra de color y belleza.

Si la tierra será «llena» del conocimiento de la gloria de Dios, no podrá haber lugar para otra cosa. ¿Dónde cabrá la injusticia, la ambición o el odio? Cada rincón será lleno del conocimiento de su gloria, como las aguas cubren los mares.

---

20. Romanos 8:19 - 23

09

Una Sombra celestial

Has observado tu sombra? Siempre te sigue. Si te paras, se para. Si aceleras, también lo hace ella. Nunca se despega de ti. Sólo te dejaría si desapareciera la luz. Si hay luz tú tienes tu sombra, mientras estés bajo la influencia de la luz nadie podrá quitarte tu sombra.

De la misma forma que la sombra nos sigue donde vayamos, los hijos de Dios también son seguidos por una sombra celestial.

La bondad y el amor me seguirán todos los días
de mi vida (Sal. 23.6).

Estas palabras pertenecen a un canto que fue compuesto por un hombre con mucha experiencia en una vida que alternó momentos felices con otros muy dolorosos. Fue tratado injustamente, menospreciado, perseguido y traicionado por aquellos que le debían reconocimiento y gratitud.

En los momentos de angustia y soledad, cuando el sol se ponía detrás de las montañas, abría su corazón y hacía vibrar las cuerdas de una vieja arpa. Quien le escuchaba, experimentaba aquella melodía como el efecto de un bálsamo que le transportaba a una experiencia única, sus notas y canto eran capaces de cambiar los sentimientos más negativos: la tristeza se disipaba como el humo, el resentimiento se convertía en aceptación, los temores en paz, y el alma se vaciaba de dolor para llenarse de la misma presencia de Dios.

Aunque la vida de David fue ejemplar en cuanto a su nobleza, integridad y amor por Dios, tuvo sus momentos de debilidad y también cedió a las pasiones y miserias humanas. Evidentemente fue víctima de otros, pero también de sí mismo, tanto en unas situaciones como en las otras, David pudo darse cuenta que cuando miraba la proyección de la luz celestial sobre él, siempre le acompañaron la bondad y el amor de Dios.

¿Qué significaron para David la bondad y el amor? Durante unos años David fue pastor cuidando las ovejas de su padre, buscaba buenos pastos para el rebaño y los protegía de cualquier mal. Sabía que sus ovejas dependían de él para sobrevivir y no quitaba su vista de ellas. En ocasiones tenía que volverlas al camino, sanar alguna herida o rescatarlas de un animal peligroso; siempre las trató buscando su bien y cuidándolas con misericordia. Esta primera etapa de su vida le dio una concepción particular respecto al significado de su relación con Dios. Para David, Dios fue su Pastor.

Fue escogido entre sus hermanos para ser el rey de Israel y el Espíritu de Dios lo convirtió en una persona especial entre los de su pueblo, se enfrentó al gigante y fue admirado por todos. Sin quererlo, despertó la envidia de Saúl y tuvo que vivir muchas situaciones de peligro, de injusticia y de marginación. En todo momento, cuando David miraba al cielo, no se sentía ni sólo ni abandonado. Después de abrir su corazón a Dios podía percibir su presencia; su personalidad estaba siendo moldeada y el milagro poco a poco se hacía realidad: un pastor se transformaba en rey, en un rey que tenía un corazón conforme al corazón de Dios.

La bondad y el amor son dos ingredientes que cuando un padre los aplica en equilibrio a su hijo resultan ser una de las mayores bendiciones que pueda recibir un ser humano. Si el padre actúa con rigidez por el bien de su hijo puede llegar a destruirlo, si lo hace con misericordia sin límites puede convertirle en una persona que no pueda valerse por sí misma. Evidentemente, aplicar la proporción adecuada de cada uno de estos elementos suele ser difícil por naturaleza para un padre cualquiera, pero no lo es para el Padre celestial. David era consciente de que este sabio equilibrio prevalecía en su relación con Dios; lo experimentó de tal manera en su vida, que su exquisita sensibilidad le permitió componer uno de los más preciosos salmos que jamás se han escrito.

La imagen de las ovejas viviendo en dependencia del pastor le sugirió a David una serie de atributos que Dios muestra en la relación personal con sus hijos. Las primeras palabras del salmo expresan ante todo un profundo sentimiento de confianza en Dios[21]: *El Señor es mi pastor, nada me faltará,* no importa mucho lo que suceda alrededor, ni dónde haya que ir a por los pastos, lo verdaderamente importante es que el Señor es el pastor. El pastor siempre tiene un compromiso personal con el rebaño para que nada le falte. Ante todo, es el experto cuidador de las ovejas que les procura *verdes pastos donde pueden descansar y aguas tranquilas para saciar su sed,* mostrándoles así su ternura. En numerosas ocasiones,

---

21. Las siguientes citas bíblicas corresponden al Salmo 23.

David pudo experimentar la compasión de Dios cuando *le infundió nuevas fuerzas* en medio de los momentos difíciles, tanto en el desánimo como en el arrepentimiento, su Pastor estuvo allí para devolverle la esperanza y la dignidad. Su bondad siempre estuvo presente *guiándole por sendas de justicia por amor a su nombre*, esto le daba la mayor seguridad, pues mientras estuviera agradando a Dios sabía que su atenta mirada estaría sobre él. La vida de David corrió peligro muchas veces, pero nunca estuvo ausente la fidelidad de Dios; por ello afirmaba que, *aun yendo por valles tenebrosos, no temía peligro alguno porque el Señor estaba a su lado*. El Pastor de David era un pastor sabio que conocía la manera de usar *su vara de pastor para reconfortarle*. No era su presencia solamente la que le infundía respeto, sino también todo aquello que Dios manejaba para trabajar en la vida de David lo que le iba hablando de su interés por él. Por otra parte, estaba convencido de que Dios le haría justicia y lo relacionó con la figura del anfitrión *preparándole un banquete en presencia de sus enemigos*, y además, en esta situación, le mostraría su generosidad *ungiendo su cabeza con perfume, y llenando su copa hasta rebosar*. El inalterable amor de Dios por él, le dio la absoluta seguridad de que *la bondad y el amor le seguirían todos los días de su vida*, como una sombra celestial que en ningún caso le abandonaría. Y culminando ese entrañable amor de Dios que David experimentó, expresó una esperanza que llenó su corazón de regocijo al vislumbrarla en su mente: *Y en la Casa del Señor habitaré para siempre*. Seguramente que entonces, en la Casa del Señor, ni David ni nadie se encontrará bajo la proyección de la luz de Dios disfrutando de una sombra celestial que le siga. Precisamente, en aquella mansión estará la Luz, una luz que lo envuelve todo de forma tan espléndida, que no dejará aparecer ninguna sombra para seguirnos, aunque... allí tampoco tendría sentido.

10
Mucho más que un nombre

$\mathcal{E}$l nombre propio es algo muy importante para las personas, por medio de él nos identificamos y diferenciamos de los demás, nuestro nombre nos acompaña durante toda nuestra vida y nos encanta escucharlo en aquellas personas que son significativas para nosotros. Generalmente, pasa a ser un patrimonio personal de mucho valor, a nadie le gusta que menosprecien su nombre y lo usen indignamente, nuestro nombre viene a ser como nosotros mismos, requerimos para él igual reconocimiento que para nuestra persona y lo que significa para nosotros está directamente relacionado con nuestra autoestima.

Desde que Adán le puso el nombre de Eva a su compañera, el cual significa: *madre de todos los vivientes*[22], en el mundo antiguo los nombres se fueron adjudicando en base a un significado que explicaba algo. Por ejemplo, Isaac significa: *uno que ríe*[23]. A partir

---

22. Génesis 3:20
23. Génesis 17:19

de aquí el nombre no sólo fue una locución identificativa, sino también el resumen de una experiencia que quedaba plasmada en la vida de una persona. Y en casos más particulares, nombre y personalidad parecían haber encajado de tal forma, que uno reflejaba al otro como en el caso de Jacob (*el que suplanta*)[24], el cual, le compró la primogenitura a su hermano por un plato de lentejas aprovechando un momento de debilidad, y obtuvo la bendición de su padre con engaño. Más tarde, tuvo un encuentro con el Ángel de Dios recibiendo su bendición y un nuevo nombre: Israel (*el que lucha con Dios*)[25], siendo éste el que se perpetuó más tarde como nombre del pueblo de Dios.

Si para una persona su nombre es tan importante y puede revelar cosas interesantes, también lo será para Dios el suyo, y a su vez, será muy enriquecedor para nosotros conocer lo que nos revela a través de él.

En ti confían los que conocen tu nombre (Sal 9.10).

Estas palabras de David dan que pensar, pues, relaciona la confianza del creyente con el conocimiento del nombre de Dios. ¿Qué es lo que revelará el nombre de Dios para que su conocimiento genere confianza en él? Por supuesto que, conocer el nombre de Dios es mucho más que creer en su existencia, rendirle culto y pedirle para nuestras necesidades.

---

24. Génesis 25:26
25. Génesis 32:28

Pienso que conocer su nombre, es como conocerlo a él mucho más íntimamente. Ciertamente, muchos no conocen la grandeza de Dios a través de su nombre, posiblemente, ni siquiera saben que Dios tiene un nombre. Sería interesante ver qué es lo que encierra su nombre para comprender por qué despierta este sentimiento.

En principio a Dios se le llamaba Elohim, el *Dios creador*, único e incomparable, y llama la atención que esta palabra contiene junto al término que significa Dios (El), la partícula que indica plural. Es la pluralidad en la unidad, tal como ocurre con el concepto de Trinidad. Y aún más, el plural también se usaba al referirse a un gran rey o en sentido de plenitud. Así, cuando los hebreos pronunciaban este nombre invocaban al Dios todopoderoso de infinita gloria y majestad.

Otro de los nombres que usaban para nombrar a Dios era Adonai, al hacerlo, querían expresar su soberanía. Dios era el *Señor* de su creación y de sus criaturas, las cuales, al dirigirse a él en este término le mostraban el reconocimiento de estar a su servicio.

Pero hay una declaración extraordinaria que Dios le hace a Moisés cuando lo llama para liberar al pueblo de Israel de Egipto, le revela su nombre propio. Hasta entonces nunca lo había dicho a nadie, para los hebreos siempre había sido el Dios de los mayores (Abraham, Isaac y Jacob), pero en aquel momento Dios le reveló su nombre: Jehová (*Yo Soy*)[26]. No había una expresión más simple y a la vez más profunda para transmitir su esencia: Dios no existe como cualquier otra criatura, Él es la Existencia. Ni tampoco es un ser eterno por haber recibido este don, sino que la Eternidad se encuentra en Él. A su vez, no dio la vida porque Él vive como hacen sus criaturas, sino que Él es la Vida.

---

26. Éxodo 3:14

«*Yo Soy* me envía a vosotros», dijo Moisés a los principales de los hebreos, para que el pueblo saliera de Egipto y fuera a adorarle en la montaña santa. Desde este momento, Jehová era el que revelaba a Elohim a todos aquellos que escogió como pueblo suyo. Así comenzaba una nueva etapa en la historia del ser humano, Jehová es el Dios que se interesa en el hombre y se relaciona de forma directa con él haciendo pactos y proveyendo los medios para disfrutar de sus bendiciones.

Y abriendo el «abanico», encontramos que Dios se manifiesta a sus hijos desde diferentes perspectivas para que le conozcan mejor en la riqueza de su gloria, lo hace a través de particulares experiencias en las que inspira a sus protagonistas distintos nombres que complementan un mayor conocimiento de sus atributos.

Estaba Abraham a punto de cumplir los cien años cuando Dios se le presentó como Jehová El-Shaddai (*Dios Todopoderoso*)[27] para hacer un pacto con él y mostrarle que su edad no era obstáculo para que de su descendencia saliera un gran pueblo.

Después que Abraham se enfrentó al momento más crítico de su vida al tener que levantar el cuchillo sobre su hijo, Dios le mostró el carnero que debía sacrificar en holocausto y él le puso por nombre a aquel lugar: Jehová-Jireh (*Jehová proveerá*)[28], en este momento experimentó al Dios que provee, suple y sustenta cada una de las necesidades de sus hijos.

Después que Israel salió del Mar Rojo, anduvieron tres días por el desierto y encontrándose sedientos, llegaron a un lugar donde había agua pero estaba amarga y se frustraron. Moisés clamó a

---

27. Génesis 17:1
28. Génesis 22:14

Dios y las aguas fueron endulzadas. En esta ocasión, Dios se presentó como Jehová-Rafah (*Jehová tu sanador*)[29], el único que puede transformar lo amargo en dulce, el sufrimiento en felicidad, y la muerte en vida.

En una ocasión el pueblo de Israel tuvo que enfrentarse contra el de Amalec. Josué escogió a los hombres que debían luchar con él y fue a presentar batalla, entre tanto, Moisés subió al monte y alzó sus manos, esta fue la clave de la victoria, teniendo que permanecer así hasta que terminó la confrontación. Terminado todo, Dios habló con Moisés haciéndole saber que Él estaba contra los enemigos de Israel, Moisés llamó a aquel lugar: Jehová-Nisi (*Jehová es mi estandarte*)[30]. Israel no era un pueblo sin bandera, Jehová era su estandarte. Tampoco eran un pueblo sin patria, Jehová había escogido una tierra que fluía leche y miel para ellos desde que llamó a Abraham. Moisés experimentó que eran un pueblo con sentido de pertenencia.

A Través de Moisés Dios dio a su pueblo una serie de leyes que debían cumplir para poder disfrutar de su beneplácito y de todas las bendiciones que tenía preparadas para ellos. Al declararles su voluntad sobre el día de reposo, se presentó como Jehová-Maccadesh (*Jehová que santifica*)[31]. Ellos no iban a ser un pueblo como los demás en cuanto a su degradación moral, serían un pueblo con dignidad como ningún otro en aquel tiempo. Dios mismo se ocupó de darles los principios morales y espirituales para que disfrutaran de una vida que le honrara y les honrase.

Más tarde, cuando los israelitas estaban viviendo en la Tierra Prometida, Dios llamó a Gedeón para liberar a su pueblo de la

---

29. Éxodo 15:26
30. Éxodo 17:15
31. Levítico 21:8

opresión de los madianitas por medio de su ángel. Gedeón le pidió una confirmación de que él era realmente un enviado del Cielo y al hacerlo, sintió un temor muy grande por haber visto de cerca al ángel de Dios. Dios mismo le tranquilizó transmitiéndole su paz, por eso llamó a aquel lugar Jehová-Shalom (*Jehová es paz*)[32]. Nunca Gedeón sintió tanto miedo como en aquella ocasión, ni el gran ejercito de los madianitas fue capaz de producirle tal sensación. Cuando la paz de Dios le alcanzó pudo estar en pie hasta en su presencia.

Así pues, Dios ha ido revelándose a sus hijos de diferentes maneras para que podamos comprender y disfrutar más de su riqueza, pero una de las declaraciones realmente entrañables la hizo David al presentarlo como Jehová-Rohi (*Jehová es mi pastor*)[33], el Dios que cuida, protege, corrige, provee, restaura, anima y guía a su pueblo hacía un lugar seguro donde la esperanza se convertirá en realidad.

Aunque la manifestación divina más grande de toda la historia se encarnó en la persona de Jesús (*Jehová es salvación*)[34], Él fue el Emanuel (*Dios con nosotros*)[35] profetizado muchos años antes. Hasta entonces, Elohim fue conocido como el Dios creador, infinito e inigualable que estaba sobre el ser humano, más tarde, se reveló como Jehová, el Dios que se acercaba a su criatura para relacionarse con ella, y finalmente, se manifiesta como el Dios que se hace hombre para -como dice el apóstol Pablo- *«que en Cristo, Dios estaba reconciliando al mundo consigo mismo, no tomándole en cuenta sus pecados»*[36].

---

32. Jueces 6:24
33. Salmo 23:1
34. Mateo 1:21
35. Mateo 1:23, Isaías 7:14
36. 2ª Corintios 5:19

¡Qué Dios el nuestro! Nunca podremos llegar a comprender el alcance de su grandeza y misericordia con nosotros, pero gracias a Jesús, podemos vislumbrar y disfrutar las primicias de lo que será encontrarse en su presencia. Él nos dejó algo de mucho valor: «Vosotros oraréis así: Padre nuestro que estás en el cielo». A partir de recibir a Jesucristo como Salvador y Señor de nuestra vida, tenemos un nombre más precioso y significativo para nosotros: «Padre». Ahora podemos dirigirnos a Dios llamándole Padre igual que lo hacía Jesús, su significado es tan amplio, que contiene todos los significados de los nombres anteriores, y además otro aspecto esencialmente entrañable: el amor.

El padre desea al hijo, lo engendra, lo sostiene, lo cuida, lo educa, lo dignifica y se goza con él dándole su herencia porque no son extraños, sino que en uno hay parte de la esencia del otro. Cuando nos dirigimos al cielo pronunciando la palabra Padre y sentimos que nos desborda la profundidad y grandeza de su significado, es que comenzamos a conectar con la misma gloria de Dios.

11

Un cambio de estrategia

Me suelo encontrar mucha gente que se siente frustrada después de pasar un tiempo pidiéndole cosas a Dios en oración, entonces, sus expresiones son parecidas a éstas: «Dios se ha olvidado de mí», «no me escucha», «no comprendo como puede verme en esta situación y que no me conteste». Ciertamente algo no encaja.

Las promesas de Dios están a lo largo de toda su Palabra una y otra vez asegurando que Él concede bendiciones a sus hijos con sólo pedírselas o con sólo creer en su respuesta, pero siguen apareciendo aquí y allá creyentes desanimados y desconcertados a causa de no ser satisfechas sus súplicas.

Se ha escrito mucho sobre la oración, si visitamos una librería cristiana, sólo hay que acercarse a la estantería dedicada a este tema para comprobar la gran variedad de libros que existen, sus títulos son de lo más sugestivos, en su mayoría hacen énfasis en la oración de éxito y tratan de ofrecer la clave para conseguir aquello que deseamos.

Unos hacen énfasis en la oración de fe, otros en la oración constante, algunos más, en la actitud del que pide en oración y, por supuesto, también están los que combinan éstas diferentes cosas. Todo ello está muy bien, pero hay una sugerencia revelada por David en uno de sus salmos que presenta un cambio de estrategia respecto a lo que sería lógico hacer cuando nuestro corazón palpita por algo.

Deléitate en el Señor, y él te concederá los deseos de tu corazón (Sal. 37.4).

Al leer esta declaración puedes quedar un poco desconcertado, pues, si tu corazón tiene un deseo, lo propio es que lo expreses y a poder ser, de la forma más clara posible. Jacob le pidió a Dios que le librara de la venganza de su hermano Esaú, Gedeón que le confirmara su llamamiento por medio de una señal, Salomón que tuviera suficiente sabiduría para juzgar al pueblo y, de la misma forma, el ciego Bartimeo cuando Jesús le dijo: «*¿Qué quieres que te haga?» Él le dijo: «Maestro, que recobre la vista*»[37].

¿Cómo un creyente puede estar deleitándose en el Señor si tiene una necesidad que le satura su atención? Si el deseo no es muy importante, el creyente puede continuar sus oraciones, alabanzas y meditaciones bíblicas mientras espera la respuesta, pero si se trata de una necesidad y no tanto de un deseo, lo propio es que

---

37. Marcos 10:51

haga como Bartimeo, que cuando se enteró de que Jesús pasaba cerca de él, comenzó a llamarlo a voces, y cuanto más le pedían que callase, más fuerte gritaba, hasta que Jesús le atendió.

Las palabras de David parecen salir de una persona con un espíritu indolente, ¿es posible que a la misma vez se pueda estar preocupado o angustiado por una necesidad y gozarse en lo bueno y maravilloso que es el Señor? ¿Tenemos acaso las personas un resorte que al accionarlo podemos cambiar nuestro estado de ánimo para realizar una actividad contraria a los sentimientos que teníamos un segundo antes?

Sentimientos y conducta siempre tienen una coherencia, y si la persona se impone actuar de forma contraria a lo que siente, no tardará mucho en que sus emociones traicionen su autocontrol proyectándose de alguna forma hacia el exterior, o si no, crearán un conflicto interno que agotará su sistema nervioso, y en todo caso, multiplicará su reactividad respecto al ambiente que le rodea.

En tal caso, ¿cómo puede David plantear esta fórmula magistral? ¿Quiere darnos a entender que el secreto para conseguir todo lo que nuestro corazón desea sólo estriba en que nos deleitemos en el Señor? Hay que reconocer que esta estrategia no encaja con la lógica de nuestra mente.

Consciente o inconscientemente, cuando un hijo de Dios ha pedido algo en oración y no lo recibe, los sentimientos que va desarrollando son más bien negativos, aunque no los exteriorice. Y de la apariencia de conformarse y justificar la ausencia de respuesta pasa a dar razones positivas respecto a la intervención de Dios en su vida.

Posiblemente sea así, Dios interviene muchas veces en nuestra vida al decirnos «no» a algunas de nuestras peticiones y lo hace así porque nos ama. Pero la cuestión no es ésta en el mensaje que David nos lanza en su salmo.

¿Cuándo puede deleitarse una persona con otra? En el momento en que aquella es el centro de su atención y lo que piensa y siente respecto de ella es muy positivo.

¿Qué ocurre cuando estamos ilusionados, preocupados o angustiados por una situación cualquiera? Que esta circunstancia secuestra nuestra atención así como nuestros pensamientos y sentimientos, arrasando el espacio que dedicábamos al Señor, y en el mejor de los casos, aunque sigamos teniendo relación con él, posiblemente no sea de mucha «calidad». Nuestra comunicación hacia él se convierte en una relación de presión, suplicándole, exigiéndole y chantajeándolo con nuestro victimismo, a fin de cuentas nos encontramos más centrados en nosotros mismos que en él.

Jesús enseñaba que donde estuviera nuestro tesoro, allí también estaría nuestro corazón y, ésta es la clave, nunca debemos perder la perspectiva figura - fondo. Me explico, cuando vamos andando por la calle y de pronto nos damos cuenta que en sentido contrario se acerca una persona que conocemos, inmediatamente se produce el fenómeno figura - fondo. En el primer plano de nuestra atención se coloca esta persona (figura) y todo lo demás (comercios, automóviles, transeúntes) pasa a un plano secundario convirtiéndose en el fondo. Es un mecanismo mental que actúa de forma automática.

En nuestra vida siempre ocurren cosas que pueden tomar el protagonismo de nuestra atención, y si no es así, nuestro corazón se encargará de generar deseos que la acaparen. En cada uno de estos momentos, el Señor pasa a ser parte del fondo y no la figura. La cuestión es que Dios quiere ser la figura que ocupa el centro de nuestra vida en todo momento, en la alegría, en el éxito, en las ilusiones, en los retos, en las dificultades, en los disgustos, en las frustraciones, en las decisiones, en la tristeza y en la lucha del día a día.

Si le permitimos al Señor estar colocado en el lugar de la figura y no del fondo, sea cual sea la circunstancia por la que estemos pasando, siempre estará situada detrás de él, formando parte del fondo pero no de la figura, esto significa que nuestra atención podrá centrarse en él y deleitarnos sin interferencias independientemente de lo que se mueva alrededor.

Al deleitarnos en el Señor, Él se agrada en nosotros al comprobar que ocupa el primer lugar en nuestra vida, y cuando Él se agrada en nosotros, todo le parece poco para bendecirnos.

David explica en la siguiente frase del salmo la manera de poder conseguir en la práctica la adecuada perspectiva respecto al Señor y todo lo demás: *Encomienda al Señor tu camino, y confía en él, y el hará*[38].

El fundamento de esta estrategia se encuentra basado en la confianza, una vez hemos llevado ante el Señor cualquier deseo o necesidad, lo propio es liberarnos de la carga que pudiera representar para nosotros solucionar lo que no está en nuestra mano. A partir de este momento, puedo deleitarme en el Señor, y cuando lo hago se produce un fenómeno muy curioso: los corazones que se deleitan mutuamente, se sintonizan. Esto significa que los posibles conflictos entre la voluntad de Dios para nosotros y nuestras peticiones se funden en un solo objetivo y, por supuesto, Dios cumple sus objetivos.

Y por cierto, después de haber aprendido a deleitarme en el Señor, nunca quisiera que Él me concediera algo, que le impidiese deleitarse conmigo.

---

38. Salmo 37:5

¡Ahora sí!

Los pastores de Abram y Lot habían tenido un conflicto. La tierra donde habitaban no era suficiente para mantener la gran cantidad de ganados y posesiones que tenían. Como en otras ocasiones, Abram hizo gala de su carácter generoso y desinteresado poniendo en primer lugar la paz familiar antes que las cuestiones materiales.

Abram comprendió que había llegado el momento de separarse y así se lo compartió a su sobrino Lot. Lo propio era tomar dos direcciones opuestas para que no volviera a repetirse el incidente y, aunque él tenía la autoridad en el campamento, no usó su derecho a elegir el primero, sino que le ofreció la alternativa a Lot.

Lot no tuvo reparos en decidir por el valle del Jordán, que era una tierra de regadío como el Jardín de Dios. A fin de cuentas, le acababan de dar la facultad de hacerlo, y como buen dueño de su casa miraba por su prosperidad.

Detrás de este incidente que parece justificado por las circunstancias hubo una trama muy interesante. Hacía tiempo que Abram y Lot andaban juntos desde que salieron de Ur de los Caldeos. En realidad, Lot nunca tuvo que salir de allí, tampoco Taré, el padre de Abram. Pero en ocasiones, aún actuando con buena intención, suelen no hacerse bien las cosas.

Dios había llamado a Abraham y le había expresado claramente su voluntad: «*Deja tu tierra, tus parientes y la casa de tu padre, y vete a la tierra que te mostraré*»[39].

Abram salió de su tierra y de la casa de su padre, pero no dejó allí a su padre y a su parentela –él salió de ellos, pero ellos no salieron de él–. Quizás Abram no terminó de entender bien lo que Dios le dijo, posiblemente le traicionaron sus sentimientos. La cuestión fue que cumplió parcialmente la voluntad de Dios, como consecuencia, los acontecimientos sucedieron de forma distinta a cómo podían haberlo hecho.

Su primera etapa en el camino fue Harán, y allí se establecieron hasta que Taré murió. Harán no era la tierra que Dios le había prometido, por tanto, la obtención de la promesa tuvo que retrasarse porque no estaban en el lugar adecuado.

Luego, Abram llegó a Canaán, pero tampoco fue posible que Dios le mostrara su promesa. Se encontraba en el lugar, pero no con la compañía adecuada. No era junto con la familia de Lot que debía poseer la tierra. Entonces, Dios permitió una circunstancia que hubiera ayudado a producir la separación de ambos y poder continuar con el plan que tenía para Abram: la tierra de Canaán fue azotada con una gran sequía y Abram con su gente comenzaron a pasar hambre.

---

39. Génesis 12:1

¿Quién podía encontrarle sentido a aquella situación? Había salido con la confianza de instalarse en una tierra afortunada, escogida por Dios especialmente para él y su descendencia, sin embargo, ahora tenía que salir de ella si quería salvar su vida y la de los suyos. Esta vez, Abram no busco a Dios, no levantó ningún altar ni le pidió su guía, sólo descendieron a Egipto para establecerse allí siguiendo el instinto de supervivencia.

Podía haber partido Lot para Egipto y Abram quedar en Canaán esperando instrucciones de Dios, pero no fue así, volvieron a partir juntos para Egipto. Por supuesto, no conforme al plan de Dios.

En Egipto Abram pasó una experiencia vergonzosa cuando mintió respecto a su esposa siendo reprendido por el Faraón. Dios, siempre pendiente de él, tuvo que intervenir para que no malograra sus propósitos ni le ocurriera ningún mal.

De Egipto salieron con muchas posesiones y volvieron para establecerse de nuevo en la tierra de Canaán. En esta nueva condición de progreso, Dios permitió que se creara una situación de conflicto para que pudiera producirse la separación entre Abram y Lot. Esta vez sí surtió efecto. La abundancia fue más eficaz que la escasez para producir la separación.

Después que Lot se separó de Abram, Dios le habló y le dijo:

«Abraham, levanta la vista desde el lugar donde estás,
y mira hacia el norte y hacia el sur, hacia el este y hacia el oeste.
Yo te daré a ti y a tu descendencia, para siempre,
toda la tierra que abarca tu mirada». (Gén.13.14,15).

Ahora sí había llegado el momento en que Dios podía declarar a Abram lo que tenía preparado para él. «*Levanta la vista y mira la tierra que he preparado para ti...*» Taré y Lot no formaban parte de este propósito. Abram retrasó el cumplimiento de la promesa y se complicó la vida socorriendo a Lot en sus percances por no seguir de forma sencilla y completa el mandamiento que Dios le dio.

Levanta la vista, una vez que ya te encuentras en las condiciones que yo te pedí. Ha sido laborioso, pero al fin lo hemos conseguido.

Levanta la vista porque soy tu amigo, aunque a veces te fuera difícil comprenderlo, estuve siempre a tu lado dándote oportunidades y guardándote.

Levanta la vista porque no te ha cegado la riqueza ni te has olvidado de mi llamamiento, sino que, sigues teniendo un corazón sensible y dispuesto para mí.

«*¡Ve y recorre el país a lo largo y a lo ancho, porque a ti te lo daré!*»[40].

Anda, disfrútala, es para ti y los tuyos. Escuchaste mi voz, confiaste en mis palabras. No sólo has sido un creyente, has sido un creyente con el valor para depender de mí. Tomaste tu equipaje y te pusiste en marcha cambiando tu seguridad por la mía. No me hiciste preguntas, no me exigiste garantías, sólo obedeciste. Por todo ello, lo mío es tuyo.

---

40. Génesis 13:17

13

Qué ternura

*orque el Señor tu Dios está en medio de ti
como guerrero victorioso. Se gozará sobre ti con alegría,
callará de amor, se regocijará sobre ti con cánticos (Sof. 3.17)*

Uno puede guardar silencio por muchas razones, la gente lo hace a menudo. Algunos callan porque no saben qué decir, o sabiendo qué decir, escogen callar porque es más inteligente. Así actuó Saúl cuando fue presentado al pueblo para ser reconocido como el primer rey de Israel. Samuel había convocado a todo el pueblo y les dio la noticia: Saúl había sido el hombre elegido por Dios para ejercer ese cargo. Inmediatamente, todos le aclamaron con alegría diciendo: ¡Viva el rey! Pero algunos insolentes protestaron: «¿Y éste es el que nos va a salvar?» Saúl, por su parte, no les hizo caso, simplemente disimuló, como si no lo hubiera escuchado, y la ceremonia continuó en paz.

Otros callan de tristeza cuando ven con impotencia como el que aman sufre una situación terrible. Este fue el caso de los amigos de Job, los cuales se sentaron con él en tierra por siete días y siete noches sin pronunciar palabra ante su sufrimiento. ¿Alguien tendría buenas palabras guardadas para la ocasión? Si las tenían se esfumaron. A veces el mejor consuelo y apoyo es la *presencia*. Job había sido un hombre justo y lo que le había ocurrido no tenía explicación humanamente lógica. Precisamente, al comenzar sus amigos a hablarle, fue cuando Job se sintió más desolado.

Hay quien calla de enfado, aunque esté deseando comunicarse con el que ama. Amor y resentimiento se enfrentan en un pulso hasta que alguien con sentido común lo desequilibra. David era incapaz por sí mismo de resolver el conflicto que había en su corazón con Absalón, éste, había vengado a su hermana Tamar impunemente violada por su hermanastro Amnón. Aunque David había permitido a su hijo volver de su destierro, estuvo dos años sin recibirlo ni hablar con él hasta que su sobrino Joab influyó para restaurar la relación. ¡Cosas que pasan en algunas familias!

De igual forma se calla de impotencia cuando, aún queriendo, no puedes responder a lo que un ser amado te pide. Cualquiera que hubiera estado en el lugar de aquellos tres discípulos que Jesús escogió para que lo fortalecieran en su agonía se hubiera sentido mal consigo mismo. La noche estaba avanzada, la somnolencia propia que sigue a una cena pascual hacía mella en su resistencia y, por si esto fuera poco, no tenían mucha idea de lo que estaba a punto de ocurrir. La cuestión es que sus ojos estaban cargados de sueño y no fueron capaces de permanecer velando por una hora. A la tercera vez que Jesús los despertó no encontraron palabras para justificarse.

También se puede callar para permitir que nuestro espíritu hable y gima delante de Dios. Los labios pueden moverse como los de Ana sin articular sonido alguno, los ojos derramar abundantes lágrimas que resbalen por las mejillas, el corazón deshacerse de amargura y, si esto aún fuera poco, ser malinterpretados al estilo del sacerdote Elí: «*¿Hasta cuándo te va a durar la borrachera? ¡Deja ya el vino!*»[41] ¿Qué sabía él de una mujer que deseaba un hijo más que la vida?

Es evidente que la boca enmudece cuando es la mejor opción ante la situación, los labios pueden paralizarse si la mente se queda sin ideas, y los sonidos se ahogan en la garganta por la presión de las emociones más intensas.

Pero hay otro tipo de silencio en la relación íntima que es diferente a todos los anteriores, es el silencio entrañable que produce un profundo amor.

Si el Señor está presente en medio de su pueblo, es porque éste es muy importante para él. Si ha de pelear por su pueblo para defenderlo y salvarlo del sufrimiento será porque lo ama. En tal caso, no es extraño que se alegre y, con él, los ángeles del Cielo lo bendigan con cánticos. Pero... ¿callar de amor? ¿Cómo puede a su vez callar de amor?

En principio, parece una contradicción que alguien se sienta feliz y pueda reprimir su alegría interior. La gente canta, baila, y hasta llora de felicidad, sobre todo cuando su corazón está lleno de amor y se encuentra junto al que ama.

El mismo Jesús dijo: «*De lo que está lleno el corazón habla la boca*»[42], y si no lo expresan los labios, otras partes del ser lo harán.

---

41. 1ª Samuel 1:14
42. Mateo 12:34

Siempre he visto que el amor que se genera en un corazón limpio, crece y crece sin poder ocultarse ni contenerse. La sonrisa feliz lo delata, las manos cálidas lo transmiten, y en el brillo de los ojos se puede leer tan claro que no hacen falta explicaciones para el que lo sabe entender.

Si esto es así, cuando Dios calla de amor, toda su gloria lo ha de reflejar. No puede ser de otra forma, ¿cómo podría ahogarse un amor tan grande? ¿Quién no ha visto la gloria de Dios en primavera? El rocío hace brillar la hierba del campo cuando el sol se levanta en el horizonte, las flores abren sus pétalos mostrando un mosaico de preciosos colores, los pájaros cantan mientras saltan de un árbol a otro, la brisa esparce las más dulces fragancias, y en medio de esta bella sinfonía, uno dice: «Gracias Dios mío, por mostrarme tu gloria».

Desde que Dios creó al ser humano le mostró un trato cariñoso y de exquisito miramiento, no era necesario rodearlo de tanta belleza y de tanta satisfacción para sus sentidos. En la medida que el creyente lo sabe valorar, Dios observa a su hijo regocijándose en su gloria, y calla de amor.

El profeta Isaías transmitía un mensaje para el futuro de parte de Dios a Jerusalén: «*Hacia ella extenderé la paz como un torrente, y la riqueza de las naciones como río desbordado. Vosotros seréis amamantados, llevados en sus brazos, mecidos en sus rodillas. Como madre que consuela a su hijo, así yo os consolaré a vosotros.*»[43] La ternura de Dios es inigualable, la compara a la de una madre con su bebé con aquellos que lo aceptan como Padre. Y entonces, Él calla de amor.

---

43. Isaías 66:12 y 13

Todo aquel que se regocija en Jesucristo por ser quien es, en su obra de amor hacia nosotros, y se siente afortunado por haberle conocido dándole su lugar en el corazón, agrada a Dios Padre, y Él calla de amor.

Siempre que el hijo de Dios espera y confía en Él aceptando las cosas aunque no las comprenda, Dios se complace y calla de amor.

Cuando el creyente agradecido se admira de la sabiduría y generosidad de su Padre celestial y eleva una oración de reconocimiento, Él se regocija y calla de amor.

Todo aquel que adora a Dios con cánticos y oraciones espirituales, por ser quien es, y se deleita en sus promesas afirmando la esperanza de llegar a la Casa celestial, le colma de satisfacción y Él contemplándolo, calla de amor.

Es un regocijo mutuo por una relación de amor inigualable, las dos partes lo experimentan y se extasían en la intimidad siendo la parte más débil renovada en este amor cada día. No hacen falta palabras, ni mensajes subliminales en este momento. Sobra todo lo que no es experiencia íntima y profunda. Salvando la distancia, es como sumergirte en un baño caliente después de un día duro, y cierras los ojos para no perderte ninguna sensación gratificante, obviamente, no hace falta que nadie te explique su exquisitez. Quizás, lo que más sorprendería, sería que Dios pudiera interrumpir este momento de dulce intimidad con él, rompiendo el sagrado silencio para expresar lo que su hijo ya está recibiendo.

14

Una aventura sobrenatural

Una aventura sobrenatural no se la encuentra uno cada día cuando sale de casa para ir a su lugar de trabajo. Sólo ocurre de vez en cuando, y cuando lo hace, sucede en el momento que menos te lo esperas. Por el sólo hecho de ser sobrenatural, mucha gente no aceptaría una invitación para este tipo de experiencia aunque fueran valientes. Se trata de vérselas con elementos que no están bajo el control humano, y a estos acontecimientos solo asisten los que son muy audaces o muy insensatos.

Los testimonios de personas que han pasado por una experiencia sobrenatural, en su mayoría, se han visto implicados sin quererlo ellos ni estar preparados para la ocasión. Solamente ha ocurrido y luego han podido constatar que no podían explicarlo por medio de razones lógicas.

Una de las experiencias sobrenaturales que vivió el apóstol Pedro tuvo lugar en el Mar de Galilea cuando se encontraba junto con los otros discípulos cruzándolo en una barca. Hacía unas horas que había caído la noche y se levantó una gran tormenta de madrugada que zarandeaba la barca como una cáscara de nuez. Por si no fuera suficiente para estar asustados, vieron aparecer una figura humana que andaba sobre las olas dirigiéndose hacia ellos.

- *¡Un fantasma!* -exclamó uno de los discípulos- Y el pánico contagió a los demás que comenzaron a gritar aterrados.

En seguida Jesús les dijo:

- *¡Calmaos! Soy yo. No tengáis miedo.*

Y aquí es donde Pedro, a causa de su impulsividad, toma el protagonismo como otras veces, retando a Jesús:

- *Señor, si eres tú, mándame que vaya a ti sobre el agua.*

- *Ven –le dijo Jesús-.* [44]

No se lo pensó dos veces, bajó de la barca y caminó sobre el agua en dirección a Jesús. Lo imposible se había hecho realidad de nuevo: Pedro andaba sobre las olas igual que Jesús. Él y su Maestro, qué importaba lo demás. Su corazón latía con fuerza, nunca había tenido una experiencia igual, se encontraba a la vez perplejo y eufórico pero, una de las ráfagas de viento lo hizo tambalearse un poco, consiguiendo así que descentrara por un momento la atención sobre Jesús y percibiera la intensidad de los elementos. Sintió miedo, el mismo miedo que cuando creyó que Jesús era un fantasma. Sus músculos se agarrotaron y todo su cuerpo comenzó a temblar. Las olas eran enormes, la barca ya no estaba a su alcance, el viento rugía con fuerza, la oscuridad se hizo más densa, se sintió muy solo, indefenso e insignificante sobre un suelo que dejó de ser firme y lo iba tragando. Movió los brazos y las piernas intentando mantenerse a flote, pero el mar

---

44. Mateo 14:26 - 29

estaba demasiado embravecido para que sus esfuerzos sirvieran para algo. Entonces, cuando creyó perecer, volvió su mirada a Jesús. Estaba allí, todo el tiempo había estado allí. Igual que la tormenta y la barca, el único que había cambiado era él, antes estaba en la barca más seguro y acompañado. Al emprender aquella aventura, tuvo muy claro cambiarlo todo por reunirse con el Señor, pero ahora... lo único que tenía claro era que el mar se lo engullía y él no podía evitarlo.

- *¡Señor, sálvame!*[45] -gritó con desespero extendiendo sus manos hacia Jesús-.

Si cuando estaba en la barca hubiera pensado por un momento que podía haberse visto en aquella situación, seguro que hubiera controlado los sentimientos que le impulsaron a ir hacia Jesús. A nadie le gusta pasar por un trance como éste en el que todo te supera y llegas al límite de tu resistencia física y moral, ¿le puede motivar a alguien perder su dignidad y sentir la vergüenza del fracaso?

Al momento, Jesús le tendió la mano y mientras lo sujetaba con firmeza, le reprendió:

- *¡Hombre de poca fe! ¿Por qué dudaste?*

¿Qué podía decir Pedro?... Que no calculó lo suficiente, que sus sentimientos le traicionaron, o que Jesús tenía que haberle protegido de la tormenta sabiendo sus limitaciones.

Seguidamente subieron a la barca juntándose con los demás discípulos que estaban atónitos viendo lo que estaba ocurriendo, el viento se calmó y la barca dejó de convulsionarse mientras el mar se serenaba. Afortunadamente para Pedro, la atención se centró en Jesús a quien reconocieron como el Hijo de Dios y le adoraron.

---

45. Mateo 14:30

¡Cuánto le dio que pensar aquella experiencia a Pedro! La reflexión siempre conviene hacerla tomando perspectiva, ¿valió la pena dejarse llevar por su corazón y poniendo en peligro su vida para acabar siendo reprendido por el Maestro? Por supuesto, no sabemos lo que Pedro respondería pero, verdaderamente valió la pena para él y para todos nosotros.

Por esta razón precisamente este pasaje ha quedado registrado en las Escrituras, porque una aventura de fe siempre glorifica a Dios. En una experiencia de este tipo, se viven momentos únicos que posiblemente no volverán a repetirse. A través de ellos, el creyente conoce aspectos de Dios que resultaría difícil descubrirlos de otra forma.

Fracasar no es tan malo, es la base para tener un éxito mayor más tarde. La acción de Pedro fue guiada por el amor, la fe y el valor. Jesús sabía que él se hundiría, pero le dijo «ven». Y se lo dijo porque era bueno para él, lo era también para aquellos discípulos y lo seguirá siendo para todos los creyentes. Pedro no tenía menos fe que ellos, la diferencia es que la suya fue puesta a prueba y la de los otro no.

Cuando Jesús pregunta: «¿por qué dudaste?» nos da a entender que no había razón para hacerlo después que él dijo: «Ven». ¿El fuerte viento puede invalidar la invitación de Jesús? ¿O acaso los elementos y las leyes naturales no tendrán que sujetarse a su Creador?

Si el que dice «ven» tiene el poder, no hay más problema. Un centurión se lo explico con toda claridad a Jesús:

- Solamente di una sola palabra, y mi siervo quedará sano. Porque yo mismo soy un hombre sujeto a órdenes superiores, y además tengo soldados bajo mi autoridad. Le digo a uno: «Ve», y va, y al otro: «Ven», y viene. Le digo a mi siervo: «Haz esto», y lo hace [46].

---

46. Mateo 8:8 y 9

Este centurión romano fue a Jesús para interceder a favor de uno de sus criados pidiéndole que le sanara. Al decirle Jesús que iría a su casa y lo haría, el centurión le expresó que no era merecedor de tal honor, por lo tanto, él sabía que con sólo pronunciar la palabra de sanidad habría más que suficiente. Jesús quedó maravillado de su fe y confesó que en toda la gente de Israel no había encontrado tanta fe.

Evidentemente, Pedro no tenía la misma fe que el Centurión. Jesús lo calificó como: «*Hombre de poca fe*»[47]. Así y todo, lo había escogido como discípulo, y en el momento en que lo llamó, Pedro no dudó en dejar sus redes y seguirle. Esto no es cualquier cosa. Hace falta una buena dosis de fe para responder a un llamamiento como el que le hizo Jesús: «*Ven en pos de mí y yo te haré pescador de hombres*»[48]. ¿Quién podía entender el alcance de aquel llamamiento?

Es cierto que no existe constancia de que el apóstol Pedro volviera a caminar más sobre el agua, pero en cuanto a «pescar personas para el Cielo», ahí si que se pudo comprobar la influencia sobrenatural del Espíritu Santo. De hecho, el que Pedro andara sobre el mar puso en evidencia que Jesucristo era el Hijo de Dios y como tal, nada le era imposible, pero fue intrascendente en cuanto a la «pesca». En cambio, cuando Pedro se alzó en medio de la gente el día de Pentecostés y les habló de Jesús, tres mil personas profesaron creer en él y recibieron el don del Espíritu Santo.

Unos días después, Pedro acompañado de Juan fueron al templo y se encontraron con un cojo de nacimiento que les pidió limosna. Poco se imaginaba el mendigo que iba a recibir caridad del mismo Dios y no de un hombre.

---

47. Mateo 14:31
48. Lucas 5:10

- «No tengo plata ni oro» -le dijo Pedro-,
«pero lo que tengo te doy. En el nombre de Jesucristo
de Nazaret, ¡levántate y anda!». (Hech. 3.6).

La noticia de este incidente corrió como un reguero de pólvora por toda la ciudad, y al salir del templo se encontraron con una multitud que se había reunido admirada por lo ocurrido. Allí volvió a predicarles el apóstol Pedro, y otras cinco mil personas recibieron a Jesucristo como Salvador.

Tanto la experiencia de Pedro en el Mar de Galilea como los prodigios que estaba protagonizando en Jerusalén tenían en común que eran eventos sobrenaturales, pero había una diferencia importante: en el Mar de Galilea, Pedro tuvo un impulso noble, le hizo una petición a Jesús y él se la concedió, a partir de aquí, iba a depender de su fe para que pudiera realizarse. En Jerusalén, Pedro sólo era un instrumento en manos de Dios para cumplir sus propósitos. Pedro hablaba las palabras que el Espíritu ponía en sus labios, el mismo Espíritu conmovía los corazones para creer y aceptar la gracia de Dios y, si era necesario, sanar al hombre cojo y levantarlo de su postración.

No es lo mismo poner fe en Dios para que me conceda mis peticiones, que mi fe en Dios le permita cumplir sus propósitos en mí, y en este caso, siempre estará asegurada la acción sobrenatural.

15

Valió la pena

¡**V**alió la pena! Acostumbramos a expresar cuando conseguimos algo que es importante para nosotros. Sentimos satisfacción y alegría por haberlo obtenido y dejamos de tener en cuenta los esfuerzos que nos ha costado, considerándolos como una buena inversión.

¡Valió la pena! para aquella mujer que tenía flujo de sangre y se encontraba muy débil y arruinada después de haber sido tratada por muchos médicos durante años. En su desesperación, escuchó hablar de Jesús y creyó que podía sanarla. Tuvo que hacer un gran esfuerzo para abrirse paso entre la multitud que rodeaba a Jesús, a cada intento de avanzar se repetía: «*Tan sólo si tocare su manto seré sana*»[49]. Al fin consiguió tocarlo y fue sanada.

¡Valió la pena! para el paralítico que fue llevado por los cuatro hombres que de él tuvieron misericordia. Al llegar a la casa donde Jesús estaba, se encontraron que había tanta gente que era

---

49. Marcos 5:28

imposible entrar con la camilla y acercarla hasta él. La confianza en que Jesús sanaría al paralítico agudizó su ingenio y los llevó a descolgarlo con cuerdas desde el techo de la casa hasta colocarlo delante de Jesús. Al fin consiguieron dos buenas cosas para el paralítico: la sanidad de su cuerpo y también de su alma.

Muchos que podrían disfrutar de grandes bendiciones se desaniman por el camino, siendo ellos mismos el principal obstáculo que les impide obtenerlas. Esto fue lo que le ocurrió al pueblo de Israel cuando se encontraba a punto de entrar en la Tierra Prometida. Moisés envió a doce espías para que reconocieran la tierra. Pasados cuarenta días volvieron al campamento cargados con muestras de los frutos que encontraron. Traían granadas e higos hermosos pero el racimo de uvas era tan enorme que tenían que llevarlo colgado de un palo entre dos hombres. Al dar su informe explicaron:

- *Fuimos al país al que nos enviaste, ¡y por cierto que allí abunda la leche y la miel! Aquí podéis ver sus frutos. Pero el pueblo que allí habita es poderoso y sus ciudades son enormes y están fortificadas*[50].

A partir de aquí, los espías se dividieron en dos grupos: en uno estaba Josué y Caleb, los cuales hablaron al pueblo de la siguiente forma:

- *Subamos a conquistar esa tierra. Estoy seguro de que podremos hacerlo*[51]. -Dijo Caleb-.

Pero los otros diez decían todo lo contrario:

- *No podremos combatir contra esa gente. ¡Son más fuertes que nosotros!*

---

50. Números 13:27 y 28
51. Números 23:30

Seguidamente comenzaron a hacer correr entre los israelitas falsos rumores acerca de la tierra que habían explorado diciendo:

- *La tierra que hemos explorado se traga a sus habitantes, y los hombres que allí vimos son enormes. ¡Hasta vimos gigantes! Comparados con ellos, parecíamos langostas, y así nos veían ellos a nosotros*[52].

Aquella noche todo el pueblo de Israel gritó y lloró víctima de la histeria. Se imaginaban que sus hombres morirían en la batalla mientras sus mujeres e hijos serían tomados prisioneros como botín de guerra. Murmuraron contra Moisés y contra Dios quejándose de haber sido engañados con vanas promesas, e hicieron planes para nombrar un nuevo capitán y volver a Egipto.

Josué y Caleb se rasgaron las vestiduras escandalizados de ver la reacción del pueblo y volvieron a hablarles:

- *La tierra que recorrimos y exploramos es increíblemente buena. Si el Señor se agrada de nosotros, nos hará entrar en ella. ¡Nos va a dar una tierra donde abunda la leche y la miel! Así que no os rebeléis contra el Señor ni tengáis miedo de la gente que habita en esta tierra. ¡Ya son pan comido! No tienen quién los proteja, porque el Señor está de parte nuestra. Así que, ¡no les tengáis miedo!*[53]

Sólo la intervención directa de Dios impidió que los apedrearan, y de no haber sido por Moisés que intercedió ante Dios, el pueblo rebelde hubiera sufrido las consecuencias de una plaga destructora.

Dios perdonó al pueblo de morir en aquel momento, pero determinó que aquella generación no disfrutaría la promesa de poseer la Tierra de Canaán, no volverían a verla, y sólo los menores de veinte años entrarían en ella después que los demás hubieran fallecido.

---

52. Números 23:32 y 33
53. Números 14:7-9

En cambio, ¡valió la pena! para Josué y Caleb que no se dejaron llevar por el pánico, sino que dieron evidencias de mantener una actitud positiva sobre la conquista de Canaán al descansar en la fidelidad de Dios. Nunca dejaron que los temores cambiaran la ilusión por el pesimismo, ni cuando vieron gigantes en la exploración de Canaán, ni cuando el pueblo entero fue presa del pánico. Ellos alimentaron sus mentes con imágenes positivas sobre lo que ocurriría al entrar en la Tierra prometida: «Es una tierra en la que abunda leche y miel», «sus moradores son pan comido para nosotros», «el Señor está de parte nuestra». De lo único que había que estar pendiente era de agradarle: «Si Él se agrada en nosotros, nos hará entrar en ella». Josué fue el caudillo que sucedió a Moisés, y Caleb participó en la división del territorio conquistado y recibió como recompensa el monte Hebrón.

Una persona puede esforzarse y luchar por lo que cree importante: por su salud, por la salud de otro, por la bendición de una promesa divina, o tristemente, por lo mismo que lo hizo aquel de la parábola que contó Jesús sobre el rico insensato: para llenar sus graneros y disfrutar de la vida. Pero hay otra motivación muy poderosa por la cual vale la pena entregar lo mejor de uno.

Su señor le respondió: «¡Hiciste bien, siervo bueno y fiel! En lo poco has sido fiel; te pondré a cargo de mucho más. ¡Ven a compartir la felicidad de tu señor!» (Mat. 25.21).

Estas palabras corresponden al momento en que el señor vuelve de su viaje a pasar cuentas con sus siervos en la parábola de los talentos. Un tiempo antes, el señor se había marchado lejos encargándoles a cada uno de sus siervos parte de sus bienes. No todos los siervos tuvieron la misma actitud con los intereses de su señor, pero en este caso, el señor felicita al siervo fiel.

Tal como Jesús enseñó, vendrá un momento en que todos los hijos de Dios tendremos que comparecer ante Él para rendir cuentas de las oportunidades que nos han sido confiadas. En aquel momento, el mejor sentimiento que pueda expresar un hijo al ver la satisfacción del Señor será: «¡Valió la pena!» el ocuparse en los intereses de mi Señor. Por otra parte, la mejor expresión que podría oír un hijo de su Señor sería: «¡Valió la pena!» encargarle mis intereses a un siervo que ha sido digno de mi confianza.

Cuando el corazón del siervo y el de su Señor se unen fundidos por un gozo indescriptible, los ángeles del cielo repiten: ¡Valió la pena!

16
El don de la alegría

Cuando estás alegre la vida te parece maravillosa, todo tiene sentido y experimentas sensación de plenitud. Hay algunas personas que siempre las encuentras alegres, y piensas: o todo les va muy bien, o tienen la clave para disfrutar de este estado privilegiado.

Realmente hay muchos motivos para alegrarse, y sin ir más lejos, en el día a día sobran las oportunidades para hacerlo. La cuestión es que seamos capaces de valorar lo habitual, sentirnos afortunados por tener satisfechas nuestras necesidades básicas y las de nuestros seres queridos. Jesús mismo tomó los cinco panes y mirando al Cielo los bendijo antes de comer. Pensar que somos privilegiados por poder trabajar e ir cumpliendo las aspiraciones que tenemos, y como dijo Salomón: «Esto también proviene de Dios». Por ello, aprender a descubrir docenas de cosas cada día por las cuales podemos sentirnos alegres y agradecidos a Dios, nos permite vivir en «la riqueza del color» lo que otros vivirían en «blanco y negro» a causa de sus quejas y murmuraciones.

Tal como enseña el libro de los Proverbios, hacer de la alegría un *estilo de vida* saca lo mejor de nosotros: se refleja en el rostro y embellece a las personas. Todos desean estar al lado de alguien que transpira y contagia alegría. También renueva nuestras energías vitales protegiéndonos de la amargura, la tristeza y la depresión. Cuando estamos alegres nos sentimos generosos con la vida y estamos dispuestos a disfrutarla y hacerla disfrutar a otros.

Seguiremos siendo afortunados mientras podamos expresar lo mismo que el salmista: *Yo me alegro cuando me dicen: «Vamos a la Casa del Señor»*[54]. El centro vital de Israel era el templo, en él, los creyentes adoraban a Dios y él se complacía con su pueblo y los bendecía. En la Iglesia se juntan los hijos de Dios en el nombre de Cristo y se gozan adorándole, llenan sus corazones alimentándose con su palabra, comparten sus inquietudes en oraciones de intercesión, experimentan su paz, y se enriquecen mutuamente amándose en la presencia y bendición del Padre.

Con mucha razón, cuando los setenta discípulos que envió Jesús a predicar regresaron de su misión, venían eufóricos por todo lo que experimentaron y le dijeron: *«Señor hasta los demonios se nos someten en tu nombre»*[55]. Pero Jesús les hizo centrar la atención en algo mucho más importante que el poder para reprender las manifestaciones malignas: *«Más bien, alegraos de que vuestros nombres están escritos en el cielo»*[56]. Éste es un don inigualable, mucho más importante que cualquier facultad sobrenatural que un ser humano pueda tener. Pues, el que nuestro nombre se encuentre escrito en el Cielo, no depende de cuánto poder tengamos sobre el mal, sino del poder del amor de Cristo, el cual entregó su vida para salvar la

---

54. Salmo 122:1
55. Lucas 10:17
56. Lucas 10:20

nuestra. Cómo no hemos de alegrarnos por tener la seguridad de pasar la eternidad en la presencia de Dios. Todas nuestras oraciones de gratitud, alabanza y adoración siempre reflejarán el brillo que da la alegría de la esperanza.

Y cuando reflexionas en todo lo que significa nuestro Dios en la vida de sus hijos, nos pasa como a David, que de repente sentía un fuerte impulso y se ponía a componer: «*Quiero alabarte, Señor, con todo el corazón, y contar todas tus maravillas. Quiero alegrarme y regocijarme en ti, y cantar salmos a tu nombre, oh Altísimo*»[57]. ¡Cuántas cosas descubren aquellos que tienen ojos para ver y corazón para entender! ¡Qué precioso idilio entre Padre e hijo! Hay momentos y situaciones en toda relación íntima que son únicas, difíciles de entender por otros aunque las explicara el mejor narrador, pertenecen al patrimonio personal de cada uno.

Qué alegría más entrañable cuando el creyente puede ser generoso con su Dios, este tipo de gozo interno es distinto a otros sentimientos similares. No es la alegría de recibir, ni la de tener, es la de dar. Puede parecer chocante que el desprenderse de algo importante pueda producir alegría. Y es que hay un secreto: para sentir alegría al desprenderte de lo que valoras, primero has de sentir la alegría de la gratitud. La Iglesia de Macedonia aparece como ejemplo de este tipo de alegría interior. En aquellos momentos, se encontraba pasando una extrema necesidad, pero movida por su desbordante alegría fue grandemente generosa ofrendando para los creyentes necesitados de Jerusalén. Dieron espontáneamente más de lo que podían, rogándole con insistencia al apóstol Pablo que les concediera el privilegio de tomar parte en la ayuda a sus

---

57. Salmo 49:1

hermanos. Ésta es la alegría que contagia y conmueve, basada en el amor a Dios. Es la alegría que brota del corazón agradecido, que es capaz de levantar la vista un poco más allá y engrandecerse al contemplar un Dios tan magnánimo. Otros, en su misma situación, se hubieran vuelto mezquinos calificando de locura e irresponsabilidad el entregar lo que ellos necesitaban para otras personas que seguramente no conocían.

Igual de admirable es el espíritu del profeta Habacuc, que después de dialogar con Dios a causa del sufrimiento de su pueblo, llega a conocerle un poco más, y termina su manuscrito con una oración de triunfo fundamentada en la alegría que dimana de la confianza en el Señor: «*Aunque la higuera no dé renuevos, ni haya frutos en las vides; aunque falle la cosecha del olivo, y los campos no produzcan alimentos; aunque en el aprisco no haya ovejas, ni ganado alguno en los establos; aun así, yo me regocijaré en el Señor, ¡me alegraré en Dios, mi libertador!*»[58]

No es extraño, después de considerar lo anterior, que el apóstol Pablo recomendara a los cristianos de Filipos la siguiente fórmula:

Alegraos siempre en el Señor. Insisto: ¡Alegraos! (Fil. 4.4)

Pablo tenía autoridad moral para exhortar a los creyentes a que se alegraran siempre en el Señor, pues él había pasado momentos muy difíciles y gracias a este lema que presidía su vida, no sólo los había superado, sino que Dios había obrado a través de ellos. La evidencia

---

58. Habacuc 3:17 y 18

más patente la tenían cuando Pablo y Silas, al visitar por primera vez su ciudad, habían sido encarcelados y sujetados en el cepo después de ser castigados con muchos golpes. En vez de lamentarse, se pusieron a orar y a cantar himnos a Dios, siendo un testimonio increíble para los demás presos. De repente, un terremoto sacudió la cárcel y quedaron todos libres. El resultado final fue que el carcelero y su casa recibieron el Evangelio dando a luz la nueva Iglesia en Filipos.

El término «siempre» parece muy fuerte: en la escasez, en el sufrimiento... Pero seguro que al decir «siempre», quería decir siempre, sencillamente siempre. Y es que el secreto no está en alegrarse en las bendiciones del Señor, porque podríamos acostumbrarnos mal, y en el día que no se cumplieran nuestras expectativas nos sentiríamos muy decepcionados y tristes.

Por supuesto, que nos hemos de alegrar en las bendiciones de Dios, pero sobre todo, hemos de alegrarnos en el Dios de las bendiciones, en el Dios de las pruebas, en el Dios de la ternura y de la corrección. En definitiva, en nuestro Padre celestial.

Así pues, hay varios tipos de alegría que sentimos con el Señor: la alegría del agradecimiento y la alegría de su conocimiento. Al conocerle, nos bendice, y al bendecirnos, le conocemos. Una y otra cosa van de la mano. El que ama al Señor desea estar con él, hablarle y escucharle, sentirlo y experimentarlo. El regalo es percibir su presencia y disfrutar de su alegría en nosotros. Porque él se alegra de sus hijos cuando éstos le aman y le son agradecidos, así lo expresaba el profeta Isaías: «*Como un novio que se regocija con su novia, así tu Dios se regocijará por ti*»[59]. Y éste precisamente, es el tercer tipo de alegría que puede inundar nuestro ser: la alegría

---

59. Isaías 61:10

del Señor proyectada sobre nosotros, alcanzando lo más íntimo de nuestro espíritu y desbordando nuestra alma como ríos de agua viva. Por eso decía el sacerdote Esdras al pueblo de Israel: «*El gozo del Señor es vuestra fuerza*»[60]. Una fuerza que cambia nuestra manera de pensar, sentir, y actuar, que trasciende a las circunstancias y muestra en nosotros la riqueza de su amor.

¿Has visto a alguien con esta alegría? Seguro que no puede pasar desapercibido. Cuando canta, no es su canto, es el de los ángeles. Cuando ora, no es su oración, es la del Espíritu. Cuando habla, no son sus palabras, son las de Jesús. Cuando te cruzas con sus ojos, puedes ver la luz del cielo. Y si te acercas un poco más... hasta es posible que te contagie.

---

60. Nehemías 8:10

17
No hace falta más

En general creemos que para acometer una gran empresa hacen falta medios suficientemente adecuados a la magnitud del proyecto, de lo contrario, la lógica, el sentido común y la experiencia demuestran que el resultado será un anunciado fracaso.

Jesús mismo cuando estaba enseñando sobre lo que costaba seguirle, en cuanto al lugar preferente que él debía ocupar en las vidas de sus discípulos, hizo referencia a dos analogías: si una persona quiere edificar una torre, lo propio es que primero se siente y calcule los gastos para comprobar que puede terminarla, de lo contrario caerá en el descrédito y el ridículo. Lo mismo le ocurriría a un rey que debiendo enfrentarse a un enemigo primero estudia la capacidad de su ejercito para poder vencer y si no es suficiente, entonces pacta la paz.

Pero cuando el que determina hacer algo grande es el mismo Dios, las cosas cambian. El razonamiento de los inteligentes queda sin argumentos delante de la evidencia. Y es que el Señor acostumbra a mostrar su gloria escogiendo aquello que humanamente es menospreciado, es débil o tiene pocos recursos. Tal como escribe Pablo en su carta a los corintios, de esta forma es mucho más factible que todos puedan reconocerle como Dios todopoderoso y cualquier orgullo humano quede descalificado.

Y el Señor dijo: «¿Qué es eso que tienes en tu mano?»
Y él respondió: «Una vara» (Ex. 4.2).

Ésta es la pregunta que Dios hizo a Moisés cuando éste se resistía a cumplir la misión que le estaba encomendando. «*¿Qué es lo que tienes en tu mano?*»[61] Dios no le pidió grandes cosas a Moisés para enviarlo a liberar a su pueblo de Egipto y conducirlo a la Tierra Prometida. En su mano sólo había una vara, una vulgar vara como tantas otras. No tenía carros de combate, ni espadas, ni ejercito, ni siquiera influencia respecto al faraón. Pero Dios tampoco lo necesitaba, de momento con una vara ya tenía bastante... con una vara y su obediencia, naturalmente.

En una de las situaciones comprometidas que vivió Sansón, tuvo que enfrentarse a los filisteos que querían terminar con él. Esta vez, su propio pueblo le había entregado atado con cuerdas para no tener problemas con ellos. En el momento en que lo vieron los filisteos se lanzaron gritando hacia él como una embestida de búfalos, pero el Espíritu del Señor vino sobre Sansón y las cuerdas que le sujetaban se deshicieron como lino quemado. No tenía espada, ni caballo, ni amigos que estuvieran dispuestos a luchar a su

---

61. Éxodo 4:2

lado. Instintivamente miró a su alrededor... «*¿Qué ves a tu lado que pueda serte útil?*»[62] Muy cerca de él había una quijada de asno que aun estaba fresca, la tomó en su mano y se enfrentó solo al seguro linchamiento. Bueno, esto de enfrentarse solo es un decir. Dios, él y la quijada que tomó en su mano demostraron ser mayoría, y mil hombres filisteos perdieron aquel día su vida en Ramat-lehi.

También podríamos preguntar a Gedeón, «*¿cuántos hombres lamieron el agua?*»[63] En realidad fueron muy pocos. Pero el Señor le dijo: «Con estos trescientos hombres os salvaré y entregaré a los madianitas en tus manos». De los treinta y dos mil hombres que se reunieron para luchar contra los madianitas, sólo quedaron trescientos. El Señor le había dicho que eran demasiados. Podían caer en el orgullo de pensar que ellos habrían derrotado al enemigo.

Cuando vieron que David se acercaba al gigante, todo el ejercito de Israel se preguntó: «*¿Con qué va a enfrentarse a Goliat?*» Pues, con lo de siempre, con lo que se enfrentaba a los enemigos del rebaño: el cayado, la honda y cinco piedras en el zurrón. Goliat pensó de él que estaba loco, a Saúl le desbordó su decisión, su hermano Eliab que le había ofendido y menospreciado, ahora estaba atónito, pero David le dejó muy claro al gigante cual era el «secreto» de su audacia: «*Tú vienes contra mí con espada, lanza y jabalina, pero yo voy contra ti en el nombre del Señor de los ejércitos... Y toda esta congregación sabrá que el Señor no salva con espada ni con lanza, porque del Señor es la batalla y él os entregará en nuestras manos*»[64].

Una viuda se acercó al profeta Eliseo, se encontraba muy desesperada porque un acreedor había venido para llevarse a sus

---

62. Jueces 15:15
63. Jueces 7:6 y 7
64. 1ª Reyes 17:45 y 46

dos hijos como siervos y no tenía forma de impedirlo. Eliseo le preguntó:

- «*¿Qué tienes en tu casa?*»

- *Sólo tengo una vasija de aceite.* -Le respondió la viuda.

A partir de este momento, Eliseo le pide que ponga en marcha un plan de riqueza:

- *Ve y pídeles a todos tus vecino vasijas prestadas que estén vacías, todas las que puedas conseguir. Luego entra y enciérrate junto a tus hijos. Ve llenando todas las vasijas y poniendo aparte las que estén llenas* [65].

La mujer lo hizo tal como le dijo el profeta, y al terminar, éste le hizo vender el aceite pagando así la deuda y pudiendo vivir ella y sus hijos del resto.

Una multitud había seguido a Jesús, y al ver sus discípulos que la hora era avanzada, le dijeron que los despidiera para que fueran por las aldeas cercanas a comprar pan. Jesús les respondió:

- *Dadles vosotros de comer.* [66]

- *¿Quieres que vayamos y compremos pan por el salario de doscientos días y les demos de comer?* -Dijeron ellos-.

- «*¿Cuántos panes tenéis?*» *Id a ver.* -Volvió a decirles Jesús-.

Al poco tiempo vino Andrés y le comentó que habían encontrado un joven que tenía cinco panes y dos peces, pero evidentemente, era insignificante para cubrir la necesidad. Jesús les pidió a los discípulos que hicieran recostar a la gente sobre la hierba, seguidamente, tomó aquellos panes y peces elevando una oración de gratitud. Comenzó a repartirlos a sus discípulos, y éstos a su vez, entre toda la gente hasta que se saciaron.

---

65. 2ª Reyes 4:3 y ss
66. Mateo 14:16 y ss

En otra ocasión, Jesús se encontraba sentado delante del arca de la ofrenda, la gente rica venía y echaba mucho dinero. Una de las personas que llegaron hasta allí era una viuda pobre que también echó su donativo en el arca.

- «*¿Cuánto es todo tu sustento?*» -Podríamos haberle preguntado a la viuda-.

- Dos monedas de cobre de muy poco valor. -Nos hubiera contestado ella-.

En aquel momento, Jesús llamó a sus discípulos y les dijo:

- *Os puedo asegurar que esta viuda pobre ha dado más que todos los que han echado dinero en el arca, pues todos han dado de lo que les sobra, pero ella, en su pobreza, ha dado todo lo que tenía para vivir.*[67]

Lo pequeño, lo ínfimo y lo insignificante puede ser muy importante para Dios. La clave no está en su valor absoluto; el valor absoluto de las cosas no tienen en sí mismas importancia para él, ni los palacios, ni los tesoros, ni la fama, ni el poder, ni ninguna otra cosa que el ser humano pueda valorar. Las dos monedas más miserables que cayeron en el arca subieron al cielo con un valor incalculable, mucho más que todo el arca llena de oro, los cinco panes y dos peces dieron de comer a varios miles de personas, una vasija de aceite fue suficiente para saldar una gran deuda y sustentar a una familia, una pequeña piedra dio una gran victoria al ejercito de Israel, trescientos hombres desarmados vencieron a un incontable ejercito, una quijada de asno fue suficiente para matar a mil hombres sedientos de venganza, y una simple vara fue usada por Dios para mostrar su poder y glorificar su nombre ante Israel y Egipto.

---

67. Marcos 12:41 y ss

Puede que, cuando Dios te habla, en tu mano se encuentre lo mejor que tienes, o lo único con que cuentas, o sencillamente aquello que él quiere usar en un momento determinado. Además, puede que, lo que se encuentra en tu mano, tenga mucho valor para ti y resulte difícil desprenderse de ello, o simplemente no le atribuyas ningún mérito para poder realizar lo que Dios te encomienda. Lo importante para Dios no es el «qué», sino el corazón que mueve la mano donde se encuentra el «qué».

Quizás entonces la pregunta clave podría ser: «*¿Qué es eso que tienes en tu corazón?*» Cuando el corazón se encuentra rendido al Señor, la mano también. Cuando en el corazón hay egoísmo, orgullo o temores, en la mano también. En realidad, las monedas nos hablan de un corazón generoso, los panes de un corazón confiado, el aceite de un corazón dispuesto, la piedra de un corazón valiente, los trescientos hombres de un corazón fiel, la quijada de un corazón noble, y la vara…, la vara nos habla de un Dios todopoderoso lleno de paciencia y amor por su pueblo, dispuesto a realizar por sus hijos y a través de ellos las más grandes maravillas para que su nombre sea glorificado en toda la Tierra y el Cielo.

Ciertamente *no hace falta más*, puedes disfrutar de la grandeza de Dios en lo más insignificante cuando Él lo quiere glorificar.

La mejor libertad

La libertad es algo esencial para el ser humano, todos deseamos ser libres, y si alguien renuncia a la libertad suele ser porque no tiene otra alternativa mejor. De tal manera es importante sentirse en libertad, que algunos han llegado a pagar con su propia vida el anhelo de ser libres, perdiendo de esta forma la libertad y la posibilidad de disfrutarla.

Una paradoja muy interesante es la que experimentan muchas personas, pues siendo libres, no se sienten como tales. No están en la cárcel, ni en un país regido por dictadura, nadie les impide moverse ni hacer todo lo que desean, pero no se sienten realmente libres. Me estoy refiriendo a la libertad interior, la verdadera experiencia de libertad.

Nuestro espíritu suele no sentirse libre a causa de lo que hay en nuestra mente, lo uno y lo otro pueden estar en conflicto. Todo aquello que va siendo asimilado por nuestra mente desde la primera infancia, viene a determinar todos los pensamientos, sentimientos y conductas automáticas que se producen de forma natural y espontánea. El espíritu, el cual es el ámbito de nuestra conciencia, conforme va adquiriendo más luz, desea actuar de acuerdo al nuevo nivel de conocimiento, pero la mente no se encuentra preparada para corresponder y la discordancia está asegurada. De hecho, la sensación de libertad está asociada a un estado interno de armonía. En su ausencia, también desaparecen las sensaciones conscientes de paz y alegría.

El apóstol Pablo confiesa su incapacidad para resolver su lucha interior cuando se enfrenta a cumplir la ley de Dios: «*Sabemos que la ley es espiritual, pero yo soy débil, vendido como esclavo al pecado. No entiendo el resultado de mis acciones, pues no hago lo que quiero, y en cambio aquello que odio es precisamente lo que hago*»[68]. Antes de conocer la ley no tenía problemas, podía hacer cualquier cosa sin ser consciente de haber obrado mal, pero al conocer la ley, con ella vino el conflicto: deseaba actuar conforme a la ley, pero su interior no estaba transformado para comportarse de acuerdo a ella.

Pedro era incapaz de controlar su impulsividad a pesar de que con frecuencia le causara algunos disgustos, a menudo, Jesús debía corregirle para reconducir su buena voluntad. En una de estas ocasiones, Jesús tomo un lebrillo y comenzó a lavar los pies de los discípulos, al llegar a Pedro, éste se opuso de forma radical:

- *No me lavarás los pies jamás.* -Le dijo-.

A lo que Jesús le respondió:

- *Si no te lavare, no tendrás parte conmigo.*

- *Señor, no sólo mis pies, sino también las manos y la cabeza.*[69] -exclamó Pedro-.

---

68. Romanos 7:14 y 15
69. Juan 13:6 y ss

Era difícil ver a Pedro centrado enfrentándose a las situaciones de forma prudente, sus sentimientos lo zarandeaban como a un muñeco.

Marta fue cautiva del afán de servir, se metió tanto en su papel que dejó de valorar otra cosa muy importante. Le pareció mal que su hermana no le ayudara quedándose sentada a los pies de Jesús escuchándole hablar, y llevada por su frustración, recriminó a Jesús por su insensibilidad hacia ella e intentó utilizarlo para que María le obedeciera. Jesús le hizo tomar conciencia de lo que se estaba perdiendo: «*Estás inquieta y preocupada por muchas cosas, pero sólo una es necesaria. María ha escogido la mejor*».[70]

Evodia y Síntique estaban condicionadas por sus opiniones, y fueron exhortadas por Pablo para que se pusieran de acuerdo en cuestiones espirituales. Sus diferencias eran motivo de desconcierto para los creyentes, pues tenían ministerio reconocido en la iglesia de Filipos. Ellas habían colaborado con el apóstol luchando en el mismo equipo, y aunque en el pasado lo habían sacrificado todo por el interés de la Iglesia del Señor, ahora sus diferentes perspectivas podían deteriorar lo que habían construido, y por tanto, debían volver a la antigua posición de unidad.

Diótrefes fue arrastrado por un protagonismo insano y unos celos paranoides, su carencia de autoestima y desequilibrio psicológico le llevaron a enseñorearse de la iglesia. Tenía un deseo morboso de asumir el liderazgo, no quería recibir al apóstol Juan ni a los ministros reconocidos, desacreditándolos delante de la iglesia. Además, para proteger su soberanía, blindaba la iglesia a los hermanos que cruzaban por allí de viaje, no recibiéndolos,

---

70. Lucas 10:41 y 42

y si algunos de la congregación se ofrecían para hospedarlos, se lo prohibía, y en el caso que materializaran su desobediencia, los expulsaba de la iglesia.

El joven rico fue prisionero del apego a los bienes, tenía inquietudes espirituales y se acercó a Jesús y le dijo:

- *¿Qué haré para heredar la vida eterna?*

- *Los mandamientos sabes.* -Le respondió Jesús-. Y seguidamente, le fue enumerando prácticamente todos los mandamientos menos uno.

El joven le respondió sin dudar:

- *Todo esto lo he guardado desde mi juventud.*

- *Aún te falta una cosa* -le dijo Jesús-, *vende todo lo que tienes, y dalo a los pobres, y tendrás tesoro en el cielo; y ven, sígueme.*

Cuando el joven oyó esto, se puso muy triste y se fue, porque era muy rico[71]. Con esto, Jesús puso en evidencia que no todos los que tienen inquietudes espirituales poseen un corazón libre para amar.

Los fariseos estaban atrapados en su religiosidad, dependían totalmente de la imagen que daban a los demás como fieles cumplidores de la ley, aunque en el fondo eran unos verdaderos hipócritas que Jesús condenó de forma directa: «*Todo lo hacéis para que la gente os vea. Os gusta llevar en la frente y en los brazos porciones de las Escrituras escritas en anchas tiras, y poneros ropas con grandes borlas. Queréis tener los mejores lugares en las comidas y los asientos de honor en las sinagogas, y que la gente les salude con todo respeto en la calle y que os llame maestros*»[72]. Este estilo de vida les impedía conectar con las enseñanza de Jesús y abrir el corazón a su gracia.

---

71. Lucas 18:18 y ss
72. Mateo 23:5 - 7

Los nazarenos no pudieron deshacerse de la imagen que tenían de Jesús como conciudadano suyo, así fue que, a pesar de presentarles las mismas enseñanzas que a otras ciudades, no fueron capaces de creer en él. No podían aceptar que el *hijo del carpintero* hiciera gala de tal sabiduría y de tal poder para realizar milagros, él y toda su familia habían crecido y vivido entre ellos, y por lógica, se resistían a admitir que realmente pudiera ser el Hijo de Dios. Tristemente, Jesús no pudo hacer allí muchos milagros, aún deseándolo, por causa de su incredulidad.

A Simón el fariseo le pudieron los prejuicios y tuvo que ser reprendido por Jesús. Había mostrado buena voluntad al invitarlo a su mesa, pero cuando se presento una mujer de mala vida con un frasco de alabastro lleno de perfume, y llorando se puso junto los pies de Jesús bañándolos con sus lágrimas, secándolos con su cabellos, besándolos y ungiéndolos con el perfume, Simón pensó que Jesús no era un verdadero profeta, ya que no era capaz de reconocer la clase de persona que le estaba honrando. Pero el fariseo ignoraba que delante de Dios, tanto la mujer como él, estaban en la misma condición de deudores, sin embargo, ella había mostrado mucho más agradecimiento que él al ser más consciente del perdón que había recibido.

Herodes cayó en la red de su propia palabra y con mucha tristeza tuvo que ejecutar a Juan el Bautista. Hasta entonces no tenía la intención de quitarle la vida por temor a la gente que le reconocía como profeta, en cambio, sí lo mantenía en la cárcel para que no le creara problemas, pues Juan le recriminaba el que tuviera a la mujer de su hermano. Pero en la fiesta de su cumpleaños, la hija de la mujer de su hermano le dedicó un baile delante de los invitados, y le gustó tanto a Herodes que le prometió bajo juramento darle lo que quisiera. La joven aconsejada por su madre le pidió en un plato la cabeza de Juan el Bautista. Nunca Herodes hubiera podido imaginar tal petición, pero no pudo volverse atrás y tuvo que satisfacerla.

Las personas acostumbran a ser menos libres de lo que creen que son, ninguno de los mencionados anteriormente podía disfrutar de autentica libertad, la causa no es lo más importante, tanto da estar condicionado por la impulsividad, el afán de servicio o de protagonismo, el apego a los bienes, la religiosidad, la imagen que percibimos de los demás, los prejuicios, o simplemente, las ataduras que pueden suponer nuestras propias palabras. En todos los casos los protagonistas sufrían las consecuencias del sometimiento a sus condicionantes interiores.

¿Qué es la libertad? Esencialmente, significa la ausencia de oposición, y esta oposición puede ser *externa o interna* de la persona. Además, la libertad puede ser entendida como *elección o liberación*. Una persona puede elegir libremente sin impedimentos externos, pero a su vez, estar dirigida o influenciada por condicionantes internos. Cuando un padre humilla a un hijo, tiene libertad de elección pero posiblemente esté controlado por un sentimiento de frustración, y en el momento que este sentimiento se desvanezca, sentirá pesar por haberlo hecho. Entonces, habrá actuado como una persona libre en elección, pero no en la liberación de su reacción a la frustración. Por tanto, la verdadera libertad comenzará por alcanzar la *liberación* y luego disfrutar de la *elección*.

Porque el Señor es el Espíritu, y donde está el Espíritu del Señor, allí hay libertad (2 Cor. 3.17).

Todas las personas que han recibido a Jesucristo como Salvador y Señor de sus vidas tienen su Espíritu y con él, la libertad. Esta libertad es de *liberación* interior, pues su influencia acaba transformando las viejas formas de pensar, sentir y actuar en otras nuevas. El Espíritu produce amor, alegría y paz espiritual sin medida. Cuando un creyente tiene su corazón lleno de estos ingredientes, no le hace falta nada para sentirse feliz, ya lo es. En su interior hay armonía, y si hay armonía también experimenta verdadera libertad.

Entonces, la impulsividad se transforma en prudencia, el afán de servicio en receptividad, el protagonismo en verdadero servicio, el apego a los bienes en entrega, la religiosidad en espiritualidad, la imagen que nos condiciona de los demás en perspicacia, los prejuicios en aceptación y nuestro hablar se convierte en la expresión de un corazón abierto a Dios. Es como si Pedro se convirtiera en Juan, Marta en María, Diótrefes en Aquila y Priscila, el joven rico en Zaqueo, los fariseos en genuinos discípulos, los nazarenos en Natanaeles y Herodes en el Centurión del cual Jesús se admiró por su fe.

Jesús le dijo a Nicodemo refiriéndose al Espíritu: «*El viento sopla por donde quiere, y aunque oyes su ruido, no sabes de dónde viene ni a dónde va. Así son también todos los que nacen del Espíritu*»[73]. La libertad que recibe una persona viene de esa misma fuente: el Espíritu. No es una libertad artificial, ni sujeta a ningún patrón convencional, es sencillamente la libertad producida por la mismísima *Libertad*. Libre como el viento, así es la obra soberana del Espíritu de Dios en el creyente. Esta experiencia de libertad es algo íntimo

---

73. Juan 3:8

y exclusivamente personal, pues, un hijo de Dios puede estar una hora en íntima comunión con el Padre y disfrutar de un estado de libertad inigualable, mientras otro cualquiera sería incapaz de estar en este recogimiento por 10 minutos. Es la libertad que te coloca por encima de las circunstancias de la vida. Las responsabilidades que podrían agobiar al más animoso no llegan a alcanzar al espíritu que se encuentra unido al Espíritu de Dios. Es la libertad de los sentimientos de culpabilidad, del resentimiento o de la envidia, de los condicionantes sociales, de la experiencia del pasado, de la preocupación del futuro. Simplemente es disfrutar de la libertad espiritual que Dios posee.

Sigue sembrando

19

$\mathcal{U}$na persona prudente es aquella que hace las cosas con sabiduría y no se deja llevar por sus impulsos, sino que reflexiona ante las situaciones para encontrar la mejor alternativa posible. En cambio, a las personas poco prudentes les domina su impulsividad y las demasiado prudentes la falta de decisión.

La mayoría de la gente reflexiona. La cuestión es que unos lo hacen antes de actuar, otros después y los restantes mientras están actuando. La reflexión es buena y necesaria y debe acompañar siempre a cualquier decisión, pero las decisiones implican un riesgo que debe asumir el que decide, de lo contrario, se perderá en la reflexión no concluyendo en nada.

Como explica Salomón, hay quien a la hora de sembrar mira al viento y prefiere no esparcir la semilla, y a la hora de segar mira a las nubes y tampoco recoge la cosecha. Siempre hay alguna razón que le impide actuar porque no tiene la plena seguridad de que las cosas saldrán bien, y ante la duda, prefiere abstenerse.

En realidad, siempre ha habido viento y nubes tanto en las relaciones como en todo aquello que hemos de emprender. Tratar con personas nunca ha sido fácil, y pensar que no se presentarán situaciones difíciles sería rayar la ingenuidad.

No le fue nada fácil a Nehemías levantar el muro de Jerusalén, tenía fuertes vientos y negras nubes para disuadirle, pero dio el primer paso siendo simplemente el copero del rey. Esto significa que no era un experto en levantar muros, ni en organizar grupos numerosos de trabajadores, ni tenía la potestad de poder tomar decisiones por su cuenta, ni los medios necesarios para levantar el muro. Solo era un copero real en el exilio.

Cuando le dieron autorización para comenzar la obra, se le presentaron opositores de los samaritanos que intentaron en primer lugar desanimarlo con sus burlas. Al ver que el muro había llegado a la mitad, comenzaron a sentir enojo, y junto con otros pueblos extranjeros que rodeaban la ciudad, hicieron un plan para atacarles y destruir lo que con tanto esfuerzo habían levantado. Nehemías tuvo que enfrentar el peligro convirtiendo la mitad de obreros en soldados para que la obra no se detuviera a la par que se protegían. Seguidamente, las deudas empezaron a ahogar a los más pobres de forma que se encontraban arruinados y sin posibilidad alguna de poder recuperarse, habían perdido sus tierras y ahora tenían que entregar a sus hijos. Una vez más Nehemías tuvo que salir al paso para arreglar el asunto y poder continuar con la obra.

Si hubiera tratado de tenerlo todo previsto, con todas las soluciones en su mano antes de comenzar la obra, nunca hubiera realizado el proyecto. Era evidente que había un gran riesgo de no poder terminar y muchas incógnitas por resolver, pero aunque no descuidó ninguna de ellas, no permitió que le paralizasen.

Siembra tu semilla por la mañana, y por la tarde siémbrala también, porque nunca se sabe qué va a resultar mejor, si la primera siembra o la segunda, o si las dos prosperarán. (Ecl. 11.4-6).

Nehemías no sabía por dónde iba el viento, ni cómo se formaba un niño en el vientre de su madre, pero sí sabía que tenía un Dios todopoderoso en el que podía confiar y al que servía. Este mismo pensamiento fue el que movió a Salomón cuando expresó esta recomendación: reconocía que en el cielo hay viento y nubes, pero de la misma forma que hay dificultades, mucho más grande que ellas es el Creador.

Desde la perspectiva del agricultor nunca se sabe qué es lo que va a resultar mejor, si el primer intento o el segundo, por ello, hay dos ingredientes necesarios para poder llegar a recoger una buena cosecha: la fe y la constancia.

La siembra nos habla de desprendernos de algo y entregárselo a la tierra para que ella nos lo devuelva multiplicado. Por otra parte, sabemos que no toda la semilla que se esparce se reproducirá, sino que dependiendo del viento, de las condiciones de la tierra donde cae, o de los mismos pájaros que revolotean sobre el campo, puede que se malogre. Si se siembra por la mañana y también por la tarde, se está asegurando el resultado deseado, en el caso que las dos siembras prosperasen, la cosecha podría considerarse un regalo.

Muchas veces sembramos lo mejor de nosotros en otras personas, les entregamos nuestro tiempo y nuestros valores para que ellos reciban el bien en su necesidad, pero no todas las personas tienen un corazón preparado para valorar lo que reciben, y por tanto, algunas no mostrarán agradecimiento, ni tampoco serán capaces de hacer con otros lo que hemos hecho con ellos.

Aún siendo así, la primera bendición ocurre al esparcir la semilla, pues, con ella se asegura la esperanza de vida, de bien y de abundancia. De esta forma, el sembrador está armonizando con la naturaleza al no interrumpir su ciclo vital, todos los seres vivos nacen, crecen y se reproducen no guardando para sí mismos la esencia de la vida. En todo caso, cada ser vivo es el eslabón de una cadena, el cual, depende de otros así como otros dependen de él.

Cuando un sembrador decide sembrar por la tarde después de haberlo hecho por la mañana en el mismo campo, es porque no tiene la confianza de que la primera siembra será suficiente. Jesús estuvo haciéndolo mañana y tarde durante tres años, Pablo por más de veinte años, y Pedro, estando cerca su partida, decía en su segunda carta: «*Por eso* (refiriéndose al fruto espiritual) *os seguiré recordando siempre todo esto* (sus enseñanzas), *aun cuando ya lo sabéis y permanecéis firmes en la verdad que os han enseñado.*»[74]

El viento puede aparecer por la mañana y las nubes por la tarde, posiblemente no sea el día perfecto para trabajar, pero cualquier situación se transforma en el momento ideal si nuestra mirada se encuentra puesta en Dios y no en las circunstancias. La tarea depende de nosotros, así como las circunstancias dependen de Dios. Dios siempre está arriba, la tarea está abajo con nosotros, y en medio, las circunstancias. Si nuestra mirada se fija en las circunstancias cuando tomamos un puñado de semillas, perdemos la tarea de vista y, como las circunstancias no están bajo nuestro control, pueden desanimarnos, angustiarnos o paralizarnos. Sin embargo, si nuestra mirada sube un poco más arriba, encomendando a Dios las semillas que se encuentran en nuestra mano,

---

74. 2ª Pedro 1:12

recibiendo su aprobación para esparcirlas, el viento y las nubes se convierten en instrumentos que Dios utiliza para glorificar su nombre a través de nosotros.

Más seguro, ¡imposible!

$\mathcal{P}$ara muchos la seguridad es una obsesión, contratan todo tipo de seguros para cubrir el riesgo de enfermedad, accidente, pérdida, siniestro, robo, o cualquier otra eventualidad. Lo hacen con el coche, la casa, el negocio, el plan de jubilación y hasta el animal de compañía. En la actualidad, si alguno no toma precauciones con sus bienes o bienestar personal puede ser considerado como imprudente o irresponsable, ya que a nadie se le oculta que estamos rodeados de peligros.

Pero hay una particularidad común a todo tipo de seguro: para recibir el servicio contratado tiene que suceder primero el percance. Ningún seguro puede librar a nadie de la desgracia, sólo actúan para tratar de remediar el infortunio. En otras palabras, los seguros no son seguridad en sí mismos, sino compensación.

Otros piensan que la verdadera seguridad no se encuentra en la compensación sino en la protección, en este caso dedican mucha atención, tiempo y dinero en prever lo que pudiera ocurrir. Cuidan mucho su cuerpo, actúan de forma muy prudente y toman todas las medidas necesarias para que no ocurra ningún incidente en sus casas o trabajos.

Cuando pensamos en términos espirituales, también nos encontramos rodeados de peligros, seguramente ni los vemos, ni somos conscientes de ellos, pero están ahí para desviarnos, obstaculizar nuestra obra, y a ser posible, destruirnos. Pablo dice que «*no estamos luchando contra poderes humanos, sino contra malignas fuerzas espirituales del cielo, las cuales tienen mando, autoridad y dominio sobre el mundo de tinieblas que nos rodea.*»[75] Y Pedro añade que «*el diablo, como un león rugiente, anda buscando a quien devorar.*»[76] Posiblemente algún día se nos revele las batallas que se han librado a nuestro favor en la dimensión espiritual.

Una y otra vez se nos anima en las Escrituras a dedicar tiempo a la oración, Jesús dijo a sus discípulos: «*Manteneos despiertos y orad, para que no caigáis en tentación.*»[77] Y Pablo en su carta a Tesalónica escribe: «*Orad sin cesar*»[78]. De hecho, el mejor antídoto contra el riesgo espiritual es la oración. Jesús mismo, aún siendo el ser humano con menos riesgo espiritual, fue ejemplo de oración dándole un lugar de privilegio en su vida. Al orar se establece una íntima relación con el Dios todopoderoso y en esta situación no hay fuerza posible que pueda poner en peligro al creyente.

Yo les doy vida eterna y no perecerán jamás, ni nadie las arrebatará de mi mano. (Juan 10.28).

---

75. Efesios 6:12
76. 1ª Pedro 5:8
77. Marcos 14:38
78. 1ª Tesalonicenses 5:17

Cuando usó esta expresión, Jesús estaba empleando la metáfora del pastor y la ovejas para referirse a los que creían en él, y con toda autoridad declaró que nadie podría nunca quitarle a los suyos. Pagó un alto precio por cada alma que tiene en su mano, y aunque no están en venta, tampoco nadie podría igualar ese precio si saliera a subasta.

Si alguien pensara que podría conseguirlo por la fuerza, sería un ingenuo, pues tal como dice el salmista: «*El ángel del Señor acampa alrededor de los que lo temen y los defiende.*»[79]

Si acaso el plan fuera coger su tesoro de redimidos por sorpresa, también sería impensable, pues Jesús dijo: «*Yo estoy con vosotros todos los días, hasta el fin del mundo.*»[80]

¿Podría ocurrir un accidente imprevisto? Imposible, porque para Dios no existen las sorpresas, pues, como escribe Pedro en su segunda carta: «*Para el Señor un día es como mil años, y mil años como un día.*»[81] Todo es presente en su presencia.

Alguno se atrevería a insinuar que con el pasó del tiempo las cosas pueden cambiar y nuestra seguridad quedaría en entredicho, pero Jesús afirmó: «*El cielo y la tierra pasarán, pero mis palabras no pasarán.*»[82]

El que piense en hacer daño a un hijo de Dios, antes se las tendrá que ver con Él, y nadie hay más poderoso que Dios. Por tanto, ¡Si Dios está a nuestro favor, nadie podrá estar contra nosotros!

Aunque no somos perfectos, todas las acusaciones que pudieran presentar delante de Dios en contra de nosotros no tienen valor alguno, pues Él es el Juez que nos ha hecho justos.

---

79. Salmo 34:7
80. Mateo 28:20
81. 2ª Pedro 3:8
82. Mateo 24:35

Otra estrategia posible sería atacar con sufrimiento a los hijos de Dios pretendiendo que la confianza y el amor hacia el Padre se enfriara, pero es que la clave de nuestra seguridad no se encuentra en lo que en un momento dado podemos sentir hacia nuestro Dios, sino en lo que Él siente hacia nosotros, en lo que Él ha hecho, hace y hará por nosotros, y sobre todo, en lo que Él es en sí mismo.

En su carta a los romanos, Pablo termina su canto triunfal con estas alentadoras palabras: «*Pero en todo esto salimos más que vencedores por medio de aquel que nos amó. Estoy convencido de que nada podrá separarnos del amor de Dios: ni la muerte, ni la vida, ni los ángeles, ni los poderes y fuerzas espirituales, ni lo presente, ni lo futuro, ni lo más alto, ni lo más profundo, ni ninguna otra de las cosas creadas por Dios. ¡Nada podrá separarnos del amor que Dios nos ha mostrado en Cristo Jesús nuestro Señor.*» [83]

Claro que... si Dios dejara de amarnos... pero Juan dice que «Dios es amor», entonces, tendría primero que dejar de ser Dios, y esto es totalmente improbable. Además, después del precio que ha pagado para poder adoptarnos como hijos suyos, cualquiera le plantea que se desprenda de alguno de ellos, o simplemente que le permita lastimarlo con el valor que tenemos para él.

---

83. Romanos 8:38 y 39

21
La injusticia
del olvido

Porque Dios no es injusto para olvidar vuestra obra y el trabajo de amor que habéis mostrado hacia su nombre, habiendo servido a los santos y sirviéndoles aún. (Heb. 6.10).

En contra de lo que muchos piensan, olvidar es una facultad de nuestra mente, y gracias a ella, podemos vivir de forma equilibrada y no volvernos locos. Otra cosa muy diferente son los olvidos, éstos suelen incluir un componente negativo, puesto que, cuando nos referimos a uno de ellos, consideramos que hemos sufrido un fallo de memoria.

Cuando los olvidos tienen que ver exclusivamente con nuestros intereses, pueden perjudicarnos en más o menos medida, pero cuando éstos afectan a los intereses de otros, las personas afectadas suelen experimentar un sentimiento de injusticia.

Si una persona presta un libro a su amigo, y pasado un tiempo tiene que reclamarlo, siente que es injusto que su amigo no haya tenido el mismo interés a la hora de devolver el libro que en el momento de pedirlo. En el caso de pasar por alto un aniversario, el olvido sería más grave, pues la interpretación más probable se hace a nivel personal: «Qué poco significo para él».

En una ocasión, Jesús llegaba a una aldea yendo de camino a Jerusalén, y antes de entrar, le salieron al encuentro diez hombres leprosos. Como era costumbre, a causa de su enfermedad, se quedaron a una cierta distancia y desde allí le gritaron: «*¡Maestro, ten compasión de nosotros!*»[84] Jesús les respondió indicándoles que fueran a presentarse a los sacerdotes (según lo establecido por la ley cuando un leproso sanaba). Así pues, ellos marcharon siguiendo la instrucción de Jesús. Al poco tiempo, mientras iban por el camino, los leprosos pudieron comprobar como desaparecía de sus cuerpos toda señal de lepra.

La alegría que experimentaron les hizo olvidar la gratitud, sólo uno de los diez, que era samaritano regresó a donde estaba Jesús alabando a Dios por su sanidad, y al llegar hasta él, se arrodilló dándole gracias. Jesús expresó al verle: «*¿Acaso no eran diez los que quedaron limpios de su enfermedad? ¿Dónde están los otros nueve? ¿Únicamente este extranjero ha vuelto para alabar a Dios?*»[84]

El miedo le hizo olvidar a Pedro su declaración de fidelidad a Jesús: «*Aunque todos se escandalicen de ti, yo nunca me escandalizaré*»[85]. Estaba dispuesto a ir con él a la cárcel y si fuera necesario también hasta la muerte. En el momento que expresó estas palabras, realmente lo sentía así, pero el gallo cantó, y lo hizo inmediatamente

---

84. Lucas 17:12 y ss
85. Mateo 26:33

después que Pedro negara por tercera vez que conocía a Jesús, cuando se encontraba en el patio de la casa del sumo sacerdote.

A pesar de los intentos de Pilatos por salvarle la vida a Jesús, la multitud le sentenció gritando a una: «¡*Crucifícale, crucifícale*!»[86] La histeria del momento les hizo olvidar sus enseñanzas y todo el bien que realizó en tres intensos años, y prefirieron canjearlo por un delincuente peligroso. ¿Dónde estaba la multitud que clamaba una semana antes: «¡*Hosanna al Hijo de David! ¡Bendito el que viene en el nombre del Señor! ¡Hosanna en las alturas!*»[87] No eran dos multitudes diferentes, era la misma ciudad honrándole y condenándole. ¿Qué ocurre con la memoria y el criterio de la gente? Estar arriba o abajo, ser el héroe o caer en el olvido, parece que sólo es cuestión de la dirección del viento que sopla en un momento dado.

El pesar hizo olvidar a los discípulos de Jesús que al tercer día resucitaría, o quizás no acabaron de entenderlo bien, o simplemente no llegaron a creérselo. El hecho fue que no estaba ninguno de ellos frente a la tumba cuando ésta se abrió. Las primeras mujeres que llegaron traían especies aromáticas para ungir el cuerpo sin vida y se encontraron que ya no estaba. Dos ángeles les dijeron: «¿*Por qué buscáis entre los muertos al que vive? No está aquí, ¡ha resucitado! Acordaos de lo que os habló, cuando aún estaba en Galilea: el Hijo del Hombre tiene que ser entregado en manos de hombres pecadores, y ser crucificado, pero al tercer día resucitará*»[88].

Olvidar lo que no se debe olvidar no es justo, en muchos casos podría considerarse como una traición. Posiblemente no se haga

---

86. Lucas 23:21
87. Mateo 21:9
88. Lucas 24:5 - 7

con mala intención, quizás la mente está acaparada por otras cosas que captan toda su atención; pero sigue siendo injusto. Precisamente, Jesús dejó establecido que su Iglesia celebrara la Santa Cena: «*Y tomó el pan y dio gracias, y lo partió y les dio, diciendo: esto es mi cuerpo, que por vosotros es dado; haced esto en memoria de mí*»[89]. Su objetivo es recordar el sacrificio de Cristo a favor nuestro hasta que Él venga, como la obra de amor más inefable de Dios hacia el ser humano.

Dios conoce lo frágil que es nuestra memoria, por ello convoca a sus hijos a un acto de testimonio y gratitud que los primeros cristianos celebraban cada primer día de la semana. Aún así, muchos son los que caen en el olvido de su amor. Poco a poco, la vivencia espiritual se va enfriando, mientras el corazón va abriéndose al desánimo o a otros intereses que consiguen dar un giro a la vida del hijo de Dios.

«*Demas me ha abandonado*»[90]. -Escribió Pablo a Timoteo con profunda tristeza-, su amor por las cosas de este mundo le pudo más que el amor de Cristo, y dejando a Pablo en la cárcel de Roma se fue a Tesalónica. Al estilo de Jonás, lejos de donde debía servir a Dios.

¿Pensaría Demas que tenía mil años por delante para disfrutar de una vida llena de placeres? O, sencillamente, dejó de sentir lo que sentía y se olvidó de todo. No tuvo en cuenta las enseñanzas que él mismo había dado a otros, sus oraciones y palabras de ánimo, sus experiencias con Pablo y otros colaboradores en el ministerio cristiano, y por supuesto, su relación personal con el Señor. Su memoria se quebró.

---

89. Lucas 22:10
90. 2ª Timoteo 4:10

Afortunadamente para nosotros, la memoria de Dios no depende de sus estados de ánimo, ni de la posible orientación hacia otros intereses, ni siquiera, de todos los motivos que le damos para que mire en otra dirección.

El olvido, por las causas que sea, es propio de la naturaleza humana, pero Dios no es humano. El olvido acostumbra a ser injusto, pero Dios no es injusto. Por otra parte hay cosas que no llegan hasta el corazón de Dios porque, aunque para nosotros sean muy importantes, para Él no significan nada. En cambio, todo aquello que es fruto del amor hacia Él, lo recibe como una preciosa ofrenda. Entonces, si Dios ni es humano, ni es injusto, es imposible que se olvide de lo que más puede valorar en nosotros: el trabajo de amor que hemos mostrado hacia su nombre.

- «*Porque tuve hambre, y me disteis de comer; tuve sed, y me disteis de beber; fui forastero, y me recogisteis; estuve desnudo, y me cubristeis; enfermo, y me visitasteis; en la cárcel, y vinisteis a mí.*»

Estas son las palabras que un día pronunciará el Señor a todos aquellos que pondrá a su derecha en el día que juzgará al mundo. Ellos sorprendidos preguntarán:

- *Señor, ¿cuándo te vimos hambriento, y te sustentamos, o sediento, y te dimos de beber? ¿Y cuándo te vimos forastero, y te recogimos, o desnudo, y te cubrimos? ¿O cuándo te vimos enfermo, o en la cárcel, y vinimos a ti?*

Y el Señor les dirá:

- *Os aseguro que todo lo que hicisteis por uno de mis hermanos, aun por el más pequeño, lo hicisteis por mí.*[91]

Al corazón de Dios se llega a través del amor, y sobre todo por el amor al más débil, de la misma forma que hizo Jesucristo

---

91. Mateo 25:35 y ss

con nosotros. Así pues, cuando somos sensibles a los que sufren y actuamos en consecuencia, estamos actuando como Jesús actuaría en nuestro lugar. Es como si nos convirtiéramos en las manos de Dios para sustentar, amparar, socorrer, consolar o sanar. Pero lo más grande, es que Dios se identifica con el que sufre como lo haría una madre con su hijo, cualquier acto de atención que le hagan para aliviar el sufrimiento del pequeño lo recibe como si lo hubieran hecho con ella. Nunca se le olvidará cuando alguien se acercó a su hijito que lloraba asustado en medio de la calle, y le consoló, le abrazó, le protegió y le ayudó a encontrar a su mamá.

¿Cuánto hubiera pagado esta madre por ese servicio de amor, sabiendo el sufrimiento de su hijo y a los peligros que estaba expuesto? El corazón de la madre estaba latiendo junto al del niño, el desconsuelo del niño era el de la madre. Cuando alguien abrazó al niño y le tranquilizó, lo hizo también con la madre.

Si alguna madre después de recibir a su hijito en sus brazos pudiera olvidarse de mostrar su gratitud al que lo ha socorrido, te puedo asegurar que su corazón no reflejaría en nada al corazón de Dios.

Por ello, el autor de la carta añade: «Deseamos, sin embargo, que cada uno de vosotros siga mostrando este mismo empeño hasta la realización final y completa de nuestra esperanza».

¿*D*ónde conseguiremos el pan?

a veces se nos presentan situaciones difíciles de resolver, suele ocurrir cuando tenemos una necesidad y no contamos con los medios para poderla atender. Si calculamos lo que necesitaríamos, comprobamos que ni soñando llegaríamos a conseguirlo. Si revisamos lo que tenemos nos entra el desaliento, pues los recursos con que contamos son ínfimos.

Qué hacer entonces, la solución no se encuentra en nuestras manos. Podemos sentirnos desgraciados, culpabilizar a Dios o a cualquier otro de nuestra situación, afligirnos y angustiarnos, o... ¿quién sabe?... quizá hay otra alternativa.

Un relato del Evangelio relacionado con este tema es el que protagonizó Jesús con sus discípulos en una situación humanamente irresoluble.

Varios miles de personas habían seguido a Jesús de diferentes lugares a causa de las sanidades que hacía, siendo avanzada la tarde, Jesús le dijo a Felipe:

¿De dónde compraremos pan para que coman éstos? (Jn. 6.5).

Felipe quedó perplejo, el sentido común aconsejaría despedir a la gente para que volviera a sus casas y allí dieran satisfacción a sus necesidades. Así y todo, Felipe, tratando de que imperara la razón le respondió a Jesús:

- Doscientos jornales de pan no bastarían para que cada uno de ellos tomase un poco [92].

Andrés que se molestó en comprobar quién llevaba comida encima, concluyó que sólo contaban con cinco panes y dos peces que aún conservaba un muchacho.

- Pero, ¿qué es esto para tantos? Le dijo a Jesús [93].

No sentían que debieran cargar con la responsabilidad de darles de comer por dos razones: primera, porque no era su problema, y segunda, porque no tenían los medios necesarios para poder resolverlo.

No siempre la cuestión está tan clara como en esta ocasión, hay veces que nos encontramos en situaciones que no podemos evadir ni responsabilizar a otros para que la solucionen, teniendo que enfrentarla sin medios suficientes para poder darle solución. Cosas así ocurren en la economía, en las relaciones, en la salud, o en cualquier otra área de nuestra vida. Sencillamente, no está en nuestra mano el remedio y sí, en cambio, sufriremos las consecuencias de la situación si no se arregla a tiempo.

En otras palabras, nos encontramos atrapados en algo que nos supera. En condiciones normales sabemos defendernos e ir

---

92. Juan 6:7
93. Juan 6:9

haciendo frente a todo aquello que se va presentando, pero hay situaciones que nos desbordan y sentimos impotencia, miedo, presión en el pecho, angustia y nos decimos: «Qué he hecho yo para tener que sufrir esto».

En el caso del relato, Jesús los pone en el compromiso de atribuirse el problema ajeno y plantearse el solucionarlo, pero los discípulos desconocían el detalle más importante: *Pero esto decía (a Felipe) para probarle, porque él sabía lo que había de hacer*[94]. ¡Ah! esto cambiaba todas las cosas. Jesús les estaba probando y ellos no lo sabían. Si hubieran sabido que se trataba de una prueba, posiblemente hubieran abierto su mente a pensar de forma diferente. Por ejemplo, todas las «pruebas» acostumbran a tener solución, así que partiendo de la base que la situación tenía solución, podían haber pensado en la intervención divina. Aunque en realidad no estaban nada habituados a mirar hacia el Cielo para solucionar problemas. Por otra parte, si hubieran imaginado que Jesús ya sabía lo que tenía que hacer, para qué molestarse, hubieran hecho el papel de espectadores pasivos como tantas otras veces.

El objetivo principal de las pruebas es comprobar el progreso que ha experimentado el discípulo, en este caso no era la única prueba a que se enfrentaron, en realidad fueron puestos a prueba muchas veces aunque no fueran conscientes de ello.

Con nosotros ocurre algo similar, somos puestos a prueba en muchas ocasiones en las que va poniéndose de manifiesto nuestra madurez espiritual, a su vez, estas experiencias nos ayudan a crecer interiormente y conocer más a nuestro Señor.

---

94. Juan 6:6

Muchos creyentes cuando están pasando por una prueba llegan a pensar que Dios se ha olvidado de ellos porque parece no responder a lo que ellos piden, o porque ha permitido que sucedan cosas que le han perjudicado. Sobre todo, se sienten solos y desamparados. La realidad es todo lo contrario, Dios se encuentra más atento que nunca a la actitud y respuesta de sus hijos cuando atraviesan una prueba. *Él sabe lo que tiene que hacer*, como Jesús lo sabía en aquella ocasión. Pero lo que Dios necesita evaluar es *qué vamos a hacer nosotros* después de valorar todo lo que nos falta y lo poco que tenemos para poder resolver la situación.

¿Nos desanimaremos? ¿Nos sentiremos como víctimas? ¿Nos quejaremos ante Dios por permitir esta situación en nuestra vida?

A Dios le encanta vernos administrando bien lo que él ha puesto en nuestras manos, cómo sabemos salir adelante a través de las circunstancias normales de la vida, pero hay un riesgo, y éste se produce cuando todo nos va bien por un tiempo. Podemos llegar a pensar que podemos con todo por nosotros mismos, y ahí es donde él quiere ayudarnos. Dios desea enseñarnos que la relación con sus hijos es una relación de dependencia, tanto en los momentos buenos, como en los más buenos (sí, aquellos que acostumbramos a calificar de malos). Y ¿por qué los malos son los más buenos? Sencillamente porque hay una mayor dependencia de Dios, la relación se vuelve más íntima y constante, aumentamos nuestro conocimiento de él y experimentamos sus atributos de forma directa, y al final, siempre acaba glorificándose su nombre.

Ahora bien, recuerdo que en una ocasión me encontré enfrentado a una situación extrema y creo que algún ángel me dijo confidencialmente al oído que iba a atravesar una prueba. En aquel momento, me sonreí y le di gracias a Dios. No importaba lo que tuviera por delante, *Dios sabía lo que tenía que hacer*. Lo de menos es que yo no tuviera el control de la situación, Él si la tenía.

Lo mío era poner a sus pies mis cinco panes y dos peces, y descansar en él. No hubo angustia, ni inquietud, ni queja, ni desánimo, sabía que Dios acabaría glorificando su nombre.

Ya se sabe que en el ámbito espiritual, una *prueba* no se puede resolver con recursos naturales, por tanto, cualquier recurso debe venir del Cielo, y allí es donde se deben dirigir nuestros ojos para ajustar nuestro entendimiento a sus planes.

De la misma forma que los estudiantes cuando deben examinarse se enteran si la prueba es de matemáticas o de lenguaje, así también nosotros debemos estar atentos para comprender si nuestra *prueba* es de fe, de amor o de cualquier otro bien espiritual. Dios es la fuente de todos estos bienes, o sea que, yendo a la Fuente no debe haber problema, siempre vamos a poder sacar nota.

El secreto es tomar conciencia de que, cuando el Señor nos pide algo que nos supera, es que estamos siendo probados, y si estamos siendo probados, el Señor sabe lo que tiene que hacer.

Viene el momento en que Jesús pide a los discípulos que hagan recostar a la gente en vez de enviarlos a sus casas. La gente se sentó con la confianza de que iban a recibir alguna cosa, los discípulos seguían con sus manos vacías y cada vez más confundidos: «Parece que Jesús no se quiere enterar de que no podemos dar de comer a esta gente».

Jesús toma los panes en sus manos y da gracias al Cielo. Ahí está la clave: nosotros solemos dar gracias por lo que recibimos, Jesús dio gracias por lo que Dios iba a hacer con lo que tenía en sus manos. La cuestión está en ampliar el ángulo de visión: si miramos a los miles de personas hambrientas, son demasiadas. Si miramos a los panes, son demasiado pocos. Si miramos a Dios... bueno, aquí se encuentra la solución de la ecuación. ¿A cuántos miles de personas se puede dar de comer con cinco panes? ¿Cambiaría algo si, en vez de cinco panes fueran cuatro? ¿Y si no fueran cinco mil hombres sino diez mil? Pienso que la fórmula sigue siendo la misma. Igualmente hubieran sobrado doce cestas llenas de pedazos de pan después de haber comido todos.

Es curioso que este milagro sea el único que relatan los cuatro evangelios, supongo que el impacto que tuvieron los discípulos fue tremendo al ver como se multiplicaba el alimento. El diablo sabía que Jesús podía transformar las piedras en pan y hasta le quiso seducir a hacerlo cuando se hallaba en el desierto después de pasar cuarenta días sin comer, pero no era aquel el momento oportuno, pues Dios no hubiera sido glorificado como lo fue en esta ocasión.

Si la energía ni se crea ni se destruye, sólo se transforma (como dicen los científicos), miles de piedras tuvieron que ser convertidas en pan, y supongo que sería pan recién hecho.

23
Aunque estéis dormidos

En nuestra sociedad tenemos la ventaja de que mientras unos descansan, otros trabajan, y de esta forma, pueden suplirse mutuamente sus necesidades. Desde antaño, el panadero ha trabajado por las noches para tener el pan recién hecho por la mañana, el agricultor ha sembrado y segado sus campos de trigo mientras dormía el panadero y, el molinero ha molido el grano cuando el agricultor descansaba. Pero no se refiere a esto Salomón cuando escribe en su cántico de los peregrinos las siguientes palabras:

De nada sirve trabajar de sol a sol y comer un pan ganado con dolor, cuando Dios lo da a sus amigos mientras duermen. (Sal. 127. 2).

De hecho, cuando éramos niños, no podíamos ser autosuficientes y proveer para nuestras necesidades, pero nuestros padres procuraban que no nos faltase de nada: alimento, vestido, protección, afecto y mil cosas más que necesitábamos. No siempre que dormíamos plácidamente lo hacían también nuestros padres, ellos tenían que trabajar y preparar todo para que cuando despertásemos llorando tuviéramos lo necesario.

Los ricos no necesitan trabajar y esforzarse para cubrir sus necesidades, ellos tienen quien lo hace por ellos y mientras duermen, sus cuentas bancarias siguen recibiendo copiosos ingresos para satisfacer sus deseos.

Los jubilados trabajaron muchos años contribuyendo con sus impuestos, ahora, se les puede ver paseando bajo el sol de invierno mientras otros trabajan para ellos. Comen, sestean y duermen sin inquietarse sabiendo que mañana podrán volver a hacerlo hasta que sus días terminen.

Sea por enfermedad, a causa de una deficiencia orgánica o por una situación social de indefensión, muchos no pueden valerse por sí mismos ni desarrollar un trabajo que les permita obtener todo lo necesario. Pero también ellos pueden dormir tranquilos con la confianza de recibir el cuidado y provisión necesarios.

Los desempleados, aunque temporalmente, reciben ayuda y pueden dormir sin la angustia de buscar el sustento inmediato.

En las sociedades modernas, las dos terceras partes de sus componentes pueden dormir tranquilos sin trabajar para ganarse el sustento, el resto de la población lo hace por ellos. Los que trabajan se sienten afortunados de poder hacerlo y progresar económicamente invirtiendo en sus casas y en un tren de vida que satisface sus deseos. Son sociedades que han llegado a un nivel de desarrollo y organización realmente encomiable. Pero hay una paradoja muy interesante: muchos de los que viven en estas condiciones tan favorables, experimentan la vida como una lucha, acumulan tensión y se esfuerzan para conseguir más, para asegurar mejor lo que poseen y, para alcanzar la felicidad que parece estar siempre a poca distancia por delante.

La paz y la armonía interior son las grandes ausentes, y el vacio que producen, sigue siendo un estímulo para realizar más esfuerzos tratando de llenarlo con algo nuevo que parezca prometedor.

Para el que ha aprendido a descansar en Dios, como el niño que descansa y confía en su padre, no le es necesario dejarse la piel en las cosas materiales para procurarse un progreso incierto o la satisfacción de las necesidades del alma. Dios cuida de sus hijos, de aquellos que confían y esperan en él, de los que le honran tratando de agradarle cada día.

Las aves del cielo no siembran ni cosechan ni almacenan en graneros, pero Dios las alimenta. Los lirios del campo no trabajan ni hilan, sin embargo, Salomón, con todo su esplendor no pudo vestirse como uno de ellos. La deducción es fácil: si así viste Dios a la hierba del campo que mañana terminará siendo quemada, ¿no hará mucho más por el que es su amigo? ¿Qué clase de persona es la que puede desconfiar de un amigo que es tan generoso con aquello que es menos que un amigo?

Mientras el agricultor, el molinero y el panadero duermen, Dios riega el trigo y lo hace crecer desarrollando sus espigas para que en la próxima cosecha a nadie le falte el sustento.

No importa sin son buenos o malos, si son amigos de Dios o no lo son, todos podrán alimentarse.

Si Dios puede realizar el milagro de darle vida a un grano de trigo y multiplicarlo por cien, mucho más podrá sostener a aquel que es su amigo, aunque éste, sea de avanzada edad, o se encuentre enfermo o se haya quedado sin trabajo, o tenga que proseguir su camino en soledad o sencillamente, se enfrente al día a día sólo con la esperanza de recibir lo necesario.

Un amigo de Dios no es cualquier cosa, es alguien muy importante para Él. Primero fue su criatura, después su hijo y más tarde, su amigo. No todas las criaturas de Dios son sus hijos, no todos los hijos de Dios son sus amigos. Por eso es tan importante ser su hijo-amigo.

Jesús dijo: «*Buscad ante todo el reino de Dios y su justicia, y todas las demás cosas os serán añadidas*»[95]. ¡Claro! Éste es el secreto para ser su amigo.

---

95. Mateo 6:33

24

Cuando cae la hoja

Cada año llega el otoño, y con él, la melancolía, la nueva imagen del paisaje con su gama de colores ocres y rojizos. Las hojas de muchos árboles caen al suelo y los troncos y ramas quedan desnudos mostrando unas formas esqueléticas desprovistas de la belleza anterior.

¿Han muerto los árboles que quedaron sin fruto ni hojas? Más bien no, volverán a salir nuevas hojas y más fruto cuando llegue la primavera. Los árboles también necesitan descansar y renovarse, es cierto que nos gustaría verlos siempre tal como estaban en primavera, pero en el fondo pensamos más en nosotros que en ellos. Los árboles deben seguir «creciendo por dentro» para que, con más fuerza, en la próxima temporada sus ramas vuelvan a poblarse de nuevas hojas, delicadas flores y mejores frutos.

Hay otoños naturales y «otoños» circunstanciales, éstos últimos afectan a muchos árboles y los dejan con la misma apariencia externa que los de hoja caduca, pero en este caso, su particular otoño incluye el padecimiento de algún mal interno o externo.

Algo similar ocurre con las personas en determinados momentos de su vida, parece que se sumergen en un otoño para renacer con más calidad en una nueva primavera. Esta experiencia se asocia al sufrimiento porque entre otras cosas, se suelen perder las «hojas» y quedar desprovistos de aquello que daba color y sentido a su vida. Pero, teniendo en cuenta que nunca podrían crecer las nuevas hojas si las viejas no se desprendieran, en este caso, sufrimiento es sinónimo de crecimiento, renovación y transformación.

Algo se interrumpe en el flujo vital del árbol para que la hoja caiga, lo mismo que en las personas cuando pierden su alegría de vivir, la ilusión por el nuevo día, el afecto por los cercanos, o la paz interior. Es común que la frustración, el temor, la amargura y el desánimo irrumpan o se infiltren de forma solapada en la persona arruinando la belleza de la sonrisa sincera y el producto de una vida fructífera.

Que se caiga la hoja, no quiere decir que también se ha de caer el árbol. El árbol sigue ahí en pie, aunque con otro aspecto, dispuesto para cuando llegue el momento de recobrar más de lo que perdió. Que sufra una enfermedad, tampoco significa que se haya de morir y que nunca más pueda ser útil para nadie.

Suele ocurrir cuando uno se encuentra en esta situación que eleva su mirada al Cielo o a su alrededor buscando al responsable de su desconsuelo, y por el solo hecho de buscarlo, lo terminará encontrando, pero este hallazgo solo sirve para hacerle caer en la autocompasión, y ésta es la peor compañera para guiarle a una nueva plenitud.

En uno de sus diálogos con Dios, Job le reprocha su ensañamiento con él: «*¿Por qué no me das la cara? ¿Por qué me tienes por enemigo? ¿Acosarás a una hoja arrebatada por el viento? ¿Perseguirás a la paja seca?*» *(Job. 13.24)*. Este sentimiento es similar al que experimentan los que pasan por dificultades y no encuentran otro responsable de sus desdichas que al mismo Dios. Sienten injusticia, mucha injusticia, ¿por qué a mí? ¿Por qué tanto a mí? ¿No era suficiente con lo que ya tenía que soportar?...

Este discurso de lamentaciones nunca ha sido constructivo, siempre he visto que las personas que quedan atrapadas en él, les resulta muy difícil salir y superar la situación. La razón principal es que la autocompasión no permite ver lo que realmente es importante, pues, es como centrar la atención en un árbol y perder de vista todo el bosque, o estar dando vueltas en un tiovivo sin decidir bajarse de él. Cuando un explorador se extravía en algún lugar del camino, siempre mira dos cosas: el mapa y el cielo, sólo así puede volver a orientarse, pero nunca da vueltas en una inercia sin sentido que terminará por agotarle.

¿Podría un hijo de Dios vivir de forma diferente los contratiempos que la vida le presenta? ¡Buena pregunta! Puesto que no existen burbujas para los hijos de Dios que los protejan de las mismas adversidades que ocurren a los demás, la diferencia sólo estaría en su experiencia interior.

Bendito el hombre que confía en el Señor, y pone su confianza en él. Será como un árbol plantado junto al agua, que extiende sus raíces hacia la corriente; no teme que llegue el calor, y sus hojas están siempre verdes. En época de sequía no se angustia, y nunca deja de dar fruto. (Jer. 17.7).

El calor del sol en verano y la ausencia de lluvias estacionales, pueden impedir el desarrollo normal del fruto y poner en peligro la buena salud del árbol. La situación del árbol respecto a la corriente de agua es muy importante, mucho más que su estructura y consistencia. El árbol aparentemente más débil que se encuentra junto al agua, resistirá mucho mejor los malos tiempos que el fuerte que está apartado de ella.

Cuanto más fuerte sea el calor, el árbol que está cerca del agua más aproxima sus raíces a ella para absorberla y no perder su humedad necesaria. En cualquier circunstancia sus hojas estarán verdes, las flores saldrán y el fruto madurará a su tiempo, tal como lo ha hecho siempre. En cambio, aquellos árboles que se encuentran más lejos de la corriente, sus raíces tendrán que realizar un mayor esfuerzo para profundizar en la tierra e intentar hacerse con la poca agua que aún contenga, y si las condiciones empeoran, la hoja caerá y el fruto no saldrá aquel año.

Todos los árboles están expuestos a las inclemencias del tiempo y ninguno puede afrontarlas y dar buen fruto por sí mismo aunque tenga una gran estructura con muchas reservas en su interior y se encuentre bien arraigado en la tierra.

En el caso del creyente ocurre algo parecido, necesita estar bien posicionado respecto al «manantial del Cielo» si no quiere ser víctima de los contratiempos ambientales. Ésta es una decisión exclusivamente suya, su vivencia espiritual dependerá fundamentalmente de la intimidad que establece en su relación con Dios. Si hay intimidad, hay confianza; y ésta es la clave del antídoto para seguir en pie y activo a pesar de lo que ocurra alrededor. Confiar es tener la seguridad de que el bien sucederá en su momento, sin sentir la necesidad de intentar controlarlo o de forzar las cosas para que ocurra. Es la aceptación de buen grado de lo que Dios permite en nuestra vida sin interferir, ni desanimarse, ni quejarse, manteniendo la esperanza viva en Él.

El profeta Jeremías no se refiere a realizar «*actos de confianza*» dependiendo de la situación y los estados de ánimo, se trata de vivir en un estado de confianza, el cual, nos permite descansar seguros en la dependencia de Dios, tal como el árbol lo hace de la corriente de agua a pesar de lo que ocurra.

Confiar en el Señor es asumir plenamente por lo menos tres conceptos: *Dios es todopoderoso*, por tanto, no hay duda que Él puede actuar en cualquier situación sin ninguna limitación. *Dios es sabio*, por tanto, sus planes pueden no coincidir con los nuestros, pero Él ve más allá que nosotros. *Dios nos ama más de lo que podemos imaginar*, por tanto, Él está interesado en nuestro bien siempre, aunque a veces nos cueste comprenderlo.

Mientras que del manantial fluya agua, y las raíces del árbol estén en contacto con él, no hay motivo para preocuparse. Si el hijo de Dios ha puesto en Él su confianza, es como el árbol que se encuentra plantado junto a la corriente de agua, entonces, tampoco hay motivo para preocuparse. ¿Y si dejara el manantial de fluir?... ¡Ah! Este manantial no dejará de fluir hasta que el mundo deje de existir. Y después, ya no hará falta la confianza, pues lo que le da sentido, se habrá convertido en realidad.

25

Cuando hay tormenta

Una de las situaciones que puede crear más inseguridad a un ser humano es atravesar una tempestad en alta mar. Todo se conmueve y es zarandeado sin que apenas los marineros puedan controlar la dirección ni la estabilidad de la embarcación. Hasta los incrédulos se acuerdan de Dios en una situación como ésta, todos ruegan a quien suponen que se encuentra por encima de las nubes y el vendaval, y en definitiva, tiene la facultad de actuar para disiparlo.

Así quedaron de perplejos los discípulos cuando una noche se encontraban en la barca con Jesús en medio de una gran tempestad. No alcanzaban a comprender como él podía estar durmiendo en la popa mientras ellos luchaban desesperadamente contra las olas que amenazaban engullirles de un momento a otro. Cuando perdieron toda esperanza de controlar la situación, le despertaron recriminándole el que no estuviera haciendo algo para que pudieran salvarse de una muerte inminente.

La solución era fácil, Jesús se levantó y reprendió al viento, ordenó al mar que se calmara y todo quedó completamente tranquilo. Los discípulos quedaron alucinados al ver la intervención de Jesús: «*¿Quién es éste, que hasta el viento y el mar le obedecen?*»[96]

No todo es malo en las tempestades, muchas veces revelan cosas que estaban ocultas, como un filón de oro. Esta vez fue mucho más: la deidad de Jesús. Los elementos atmosféricos ya lo sabían, pero los discípulos aún tenían una visión muy pobre del Hijo de Dios.

Cuando atravesamos una experiencia tormentosa con el Señor, podemos llegar a pensar que se ha dormido porque no interviene como a nosotros nos gustaría, pero seguro que se encuentra esperando el momento oportuno de hacerlo. Dios siempre está presente en las tormentas y éstas lo saben. Ni los truenos pueden hacer más ruido, ni los relámpagos más descargas, ni las nubes vaciar más agua, ni el viento soplar más fuerte del que Dios autorice. Dios está ahí, siempre ha estado ahí, tanto si hay tormenta como si no, el cielo y la tierra están siempre en su presencia.

Jesús les dijo a sus discípulos que era una cuestión de fe. La fe es la seguridad de que Dios está presente y va a intervenir en su momento. Pensar que duerme, o que debe estar en otra galaxia y no ve lo que ocurre, o que cuando decida actuar será demasiado tarde, esto es falta de fe.

Puede ocurrir que la tormenta no sea un medio para mostrar la gloria de Dios, sino su juicio sobre alguien que lo menosprecia o lo provoca, como pasó en el caso de Jonás. Este profeta compró un pasaje para huir de su presencia y alejarse todo lo posible del lugar donde tenía que realizar su servicio. La tempestad que

---

96. Mateo 8:27

se levantó era tan fuerte que el barco amenazaba con hacerse pedazos. Los marineros aterrados comenzaron a clamar cada uno a su dios y a lanzar al mar lo que había en la nave. Jonás, en cambio, había bajado al fondo de la embarcación para acostarse, y dormía profundamente. ¡Qué curioso! En la anterior tormenta, dormía Jesús, en ésta, el que duerme es Jonás. Parece ser que el protagonista de la historia siempre es el que duerme cuando se desata la tormenta.

El capitán del barco se le acercó y le dijo: «*¿Cómo puedes estar durmiendo? ¡Levántate! ¡Clama a tu dios! Quizá se fije en nosotros y no perezcamos.*»[97]

Los marineros acostumbrados a la superstición pensaron en echar suertes para averiguar el culpable del desastre. Al hacerlo, la suerte cayó en Jonás. No podía ser de otra forma, Dios estaba allí controlando todas las cosas. Cuando le pidieron explicaciones, confesó ser un siervo del único Dios verdadero, Creador y Señor de todas las cosas, pero en este caso, él se encontraba en desobediencia y Dios se enfrentaba a él.

Las olas seguían enfureciéndose y azotando la embarcación con mayor fuerza, Jonás les dijo que le tomaran y le lanzaran al agua para que el mar se calmara, pues, sólo él era el único culpable de aquella tempestad.

Sin embargo, los marineros hicieron un nuevo intento para regresar a tierra y salvarle la vida, demostrando así, una mayor sensibilidad que la suya al no querer profetizar en Nínive. Todos sus esfuerzos fueron inútiles, la situación empeoraba por momentos y finalmente decidieron clamar a Dios aceptando su soberanía y rogándole que no les hiciera a ellos responsables de la muerte de

---

97. Jonás 1:6

Jonás. Al echarlo al agua, la furia del mar se aplacó y reconocieron a Dios como Señor, y le adoraron.

Como todos sabemos, Jonás no murió en aquella ocasión, debía aún cumplir su misión, y así lo hizo por la misericordia de Dios. También en esta tormenta los marineros pudieron ser iluminados con la luz celestial y descubrir a Dios a través de la rebeldía de uno de sus profetas.

En otra ocasión, el apóstol Pablo viajaba a Roma como prisionero, la travesía no estaba siendo de lo más cómoda, ya que los vientos eran contrarios. Pablo les advirtió que tendrían problemas si seguían la travesía, pero no le hicieron caso.

Navegando cerca de la isla de Creta el barco quedó atrapado en una tempestad y siendo imposible hacerle frente al viento se dejaron llevar a la deriva. Tuvieron que echar toda la carga por la borda y hasta los propios aparejos del barco. Pasaron muchos días desorientados sin ver ni el sol ni las estrellas, y como el temporal no remitía, llegaron a perder toda esperanza de salvar sus vidas.

Ya llevaban mucho tiempo sin comer y se encontraban agotados y desanimados, Pablo, aprovechó para hablarles y recordarles que debían haberle hecho caso y no zarpar de Creta. Seguidamente, les hizo una revelación que había recibido la noche anterior de un ángel de Dios para que recobraran el ánimo, asegurándoles que ninguno de ellos perdería la vida, aunque sí quedarían sin el barco.

«No tengas miedo, Pablo –le dijo el ángel–. Tienes que comparecer ante el emperador; y Dios te ha concedido la vida de todos los que navegan contigo.» [98]

---

98. Hechos 27:24

Es precisamente el caso contrario de Jonás, no hacía falta que la tripulación echara suertes para ver quien era el culpable, y su mejor garantía de salvación, era tener a Pablo con ellos y cuidar que no se cayera al mar.

En la tempestad, Jesús «dormía» mientras esperaba el momento de intervenir, Jonás dormía para evadirse de su responsabilidad, y Pablo, mientras dormía tuvo una revelación de salvación.

Las tres tempestades nos hablan de tres momentos en la vida del creyente. Hay momentos en que el Señor nos pondrá a prueba y veremos su gloria para que nuestras vidas sean enriquecidas. En otras ocasiones nos encontraremos con las consecuencias de nuestras conductas, perjudicando a otras personas que no son responsables de nuestras acciones, sufriendo la vergüenza de recibir de ellas las lecciones de moral y misericordia que nosotros deberíamos dar. Y por último, también Dios nos concederá el ser instrumentos de su gracia para bendición de muchos que padecen situaciones que les desbordan.

De estos tres tipos de experiencia, por supuesto, hay uno que podríamos evitar: el que nosotros provocamos consciente o inconscientemente al no tener en cuenta la dirección de Dios en nuestra vida. Así y todo, lo realmente admirable por parte de Dios, es su magnanimidad, pues, aún siendo ofendido por nosotros, reconduce la situación dándonos una nueva oportunidad de restaurar la relación con Él y el privilegio de seguir sirviéndole.

Si en cualquier «tormenta» están presentes los elementos atmosféricos con todo su ímpetu, y nosotros, en nuestra debilidad, nos encontramos expuestos a su impacto, también es cierto, que tenemos un recurso capaz de atravesar las oscuras y densas nubes alcanzando al Dios y Señor del universo, quien puede protegernos y ordenar que vuelva la calma.

En su angustia clamaron al Señor, y él los sacó de su aflicción.
Cambió la tempestad en suave brisa: se sosegaron las olas del mar.
Ante esa calma se alegraron, y Dios los llevó al puerto anhelado
(Sal. 107.28-30).

Amén.

Nunca me olvidaré de ti

26

Esta frase se ha escuchado muchas veces, quizás demasiadas. Se expresa sin pensar mucho y siempre con buena intención, pero, con demasiada frecuencia sin conocimiento de causa.

«Nunca me olvidaré de ti», es una expresión de consuelo en la despedida, da esperanza en la ausencia y conforta en la necesidad. Sin embargo, cuando esta frase es una caja vacía, el desencanto es muy cruel.

La relación de Dios con su pueblo pasó por situaciones de todo tipo. Hubo momentos en que Él se gozaba con Israel por su fidelidad, le expresaba su amor y lo bendecía. En otras ocasiones, el pueblo se olvidaba o se rebelaba contra Dios, y éste tenía que corregirlo dejándolo a sus suerte cuando otros pueblos le atacaban. En una de estas situaciones, Dios les dijo algo entrañable a través del profeta Isaías:

¿Se olvidará la mujer de lo que dio a luz,
para dejar de compadecerse del hijo de su vientre? Aunque olvide
ella, yo nunca me olvidaré de ti. (Isa. 49.15)

En esta declaración, Dios hizo una analogía entre la relación que Él mantenía con su pueblo y la que una madre tiene con su hijo. Al observar con detalle la pregunta, comprobamos como destacan tres aspectos esenciales del carácter maternal que son consecuencia del amor que se siente por un hijo.

El primer aspecto necesariamente está relacionado con el objeto que da sentido a la maternidad: «*Lo que dio a luz*». En condiciones normales, cualquier madre, mucho antes de ver físicamente a su hijo, lo ha soñado y deseado numerosas veces. Ha vivido en su mente infinidad de momentos disfrutando del bebé que aún no tiene: abrazándolo, cuidándolo y expresándole todo el afecto del mundo. Mientras se iba formando en su vientre, trataba de escucharlo y animarle, dedicándole frases tiernas.

Así mismo hizo Dios con su pueblo. Mucho antes que fuera pueblo ya le deseó y le escogió, le fue formando poco a poco a partir del momento que llamó a Abraham. Mientras las tribus iban creciendo, Dios les daba conciencia de ser un pueblo escogido, y los padres iban transmitiendo a sus hijos las bendiciones prometidas que un día le fueron dadas al patriarca.

Cuando una mujer joven se convierte en madre, este hecho transforma su vida: cambia su escala de valores, la forma de reaccionar ante las situaciones, sus actitudes y sentimientos. En esta nueva situación, se encuentra con un pequeño ser indefenso y necesitado de su atención y cuidado. Sabe que nadie le dará el afecto y la entrega que ella está dispuesta a darle. Tanto el amor que experimenta hacia su hijo como la condición de dependencia que el niño tiene hacia su madre produce en ella un profundo sentimiento de responsabilidad hacia su hijo.

De forma similar Dios siempre mostró sentirse responsable del pueblo que escogió y amó. Siempre estuvo a su lado, le suplió todas sus necesidades. Nunca fueron problema las condiciones que lo rodearon para que Dios mostrara su responsabilidad con su pueblo. Pensando en los años que estuvieron de peregrinaje desde Egipto a Canaán, cuesta comprender el alcance de la provisión de Dios para un pueblo que podía superar el millón de personas en un medio tan inhóspito y escaso de recursos como es el desierto. Las pequeñas caravanas pueden tener ciertas posibilidades de sobrevivir, pero un pueblo tan numeroso hubiera estado abocado al suicidio si no hubiera tenido un Dios responsable que le sostuviera.

Y lo más precioso es que una madre cuida de su hijo no importándole los esfuerzos que tenga que realizar, tampoco a las cosas que tenga que renunciar, siempre lo hará todo con agrado, considerando un privilegio el poder cuidar de su hijo. De la misma forma, encontramos numerosas expresiones en la Biblia de la complacencia con que Dios se ocupaba de su pueblo amado.

El segundo aspecto hace relación a la atención que la madre tiene hacia su hijo: «¿*Se olvidará la mujer...?*» Una madre está siempre atenta a todo lo que su hijo necesita, puede estar haciendo otras tareas, pero no dejará de estar alerta a las señales que el bebé emita: hambre, sed, sueño, dolor de oídos... No importa, el pequeño puede sentirse seguro que su llanto, sus gemidos, y hasta su respiración será observada por su madre. No permitirá que sus necesidades físicas, ni tampoco las afectivas queden sin suplir. Cada vez que la reclame, ella estará ahí, dispuesta a tomarle en brazos, susurrarle una dulce canción al oído, jugar con él hasta que no pueda contener la risa o darle con mucho amor un refrescante baño y su porción de alimento antes de ponerlo a dormir.

No sólo es la responsabilidad que la madre ejerce sobre el hijo que depende de ella, es la atención que ella presta a todos los impulsos, síntomas, signos, expresiones y la intuición de todo aquello que puede necesitar el pequeño y no sabe aún comunicar claramente.

No fue de otra forma como Dios atendió a Israel. Su oído siempre estaba atento a todas sus oraciones, a cada situación que tenían que atravesar. La peña se abrió para que saciaran su sed, el maná no faltó ni un solo día, también disfrutaron de codornices y la nube les guiaba de día y les iluminaba de noche.

El tercer aspecto es el más esencial, tanto en el carácter de una madre como en el carácter de Dios: «*¿Dejará de compadecerse?*» La compasión hace referencia a la ternura, es la capacidad de experimentar sentimientos positivos hacia otra persona aunque ésta no sea merecedora de ellos.

La justicia es dar a cada uno lo que se merece, la misericordia es dar al otro más de lo que se merece. Para tener misericordia, primero hay que experimentar compasión, una y otra se encuentran íntimamente asociadas. El Dios de Israel era un Dios de compasión y misericordia que trataba a su pueblo como la madre que al contemplar a su hijito no puede limitarse a tratarlo con justicia. Si lo hiciera, su corazón no sería capaz de contener toda su ternura, entrega y generosidad. A veces, el niño ha recibido su baño y alimento, pero no es capaz de dormir y se siente inquieto, llora y extiende sus brazos reclamando el contacto maternal. Cuando la madre acude y ve su desconsuelo, es incapaz de dejarlo allí desesperándose. En el momento en que lo coge en sus brazos ha dejado de ser justa para ser compasiva.

Una de las expresiones bíblicas más entrañables en la que Dios expresa sentimientos de compasión por su pueblo es la que Oseas dedicó a Israel. En ella se contraponen la fidelidad de Dios y la infidelidad de su pueblo:

«Cuando Israel era muchacho, yo lo amé, y de Egipto llamé a mi hijo. Cuanto más yo los llamaba, tanto más se alejaban de mí...

Yo con todo eso enseñaba a andar al mismo Efraín, tomándole de los brazos, y no conoció que yo le cuidaba. Con cuerdas humanas los atraje, con cuerdas de amor... y puse delante de ellos la comida.

Mi pueblo está adherido a la rebelión contra mí, aunque me llaman el Altísimo, ninguno absolutamente me quiere enaltecer. ¿Cómo podré abandonarte, oh Efraín? ¿Te entregaré yo, Israel?...

Mi corazón se conmueve dentro de mí, se inflama toda mi compasión. No ejecutaré el ardor de mi ira, ni volveré para destruir a Efraín; porque Dios soy, y no hombre...» (Os 11.1-12).

La pregunta realizada por el profeta Isaías es de las que sugieren por sí misma la respuesta. Sólo puede responderse con un «no». A renglón seguido, y para hacer un mayor énfasis, Dios dice a través del profeta que en el hipotético caso de que una madre pudiera llegar a dejar de responsabilizarse, atender y compadecerse de su hijo, Él nunca lo haría con su pueblo.

Esta afirmación final pone de relieve que la fidelidad de Dios con sus hijos es inalterable. Podrán conmoverse los cielos y la tierra pero su corazón seguirá lleno de ternura, podrá el que Dios ama ofenderle y menospreciarle, pero cuando vuelva su corazón a Él, de nuevo encontrará su aceptación y compasión.

Podemos sentirnos afortunados, pues, el mal que nosotros podríamos hacer en un momento dado a nuestros hijos, Dios no es capaz de hacerlo.

¿ *Qué necesitas?*

Así que mi Dios os proveerá de todo lo que necesitéis, conforme a las gloriosas riquezas que tiene en Cristo Jesús. (Fil 4.19).

¿Dios suplirá todo lo que yo necesite? ¿Todo, todo? Ésta es una declaración muy comprometida, sin duda. El prestigio de Dios está en juego. ¿Cuántos cristianos quisieran poder creer eso? Esta afirmación podría ser como tantas otras, que se dicen y quedan muy bien, pero en la práctica, no se corresponde la teoría con la realidad. Hay mucha gente que tiene necesidad de cosas y Dios no se las suple. Las piden en oración y no las reciben.

Entonces, ¿de dónde sale esta afirmación?

- De una carta del apóstol Pablo

Cuando el apóstol Pablo escribió estas palabras, seguro que sabía lo que estaba diciendo, nunca más lejos de su intención estaría el dar esperanzas que frustraran la confianza que los creyentes ponen en su Señor.

Pablo no dictó lo mismo en todas sus cartas, por ejemplo, a los cristianos de Corinto les exhortó a imitar a los de Macedonia para que suplieran las necesidades de otros hermanos en la fe.

Entonces, ¿por qué a unos sí y a otros no? Ésta es una cuestión interesante y creo que puede resolverse considerando algunos detalles que revela la misma carta.

Los filipenses eran cristianos, pero no todos los cristianos eran como los filipenses. Estos creyentes tenían sensibilidad, pensaban en el ministerio de Pablo, en sus necesidades, y oraban por él, pero además, apartaban dinero de sus ingresos para ayudarle. En ocasiones, no sólo lo hicieron de acuerdo a sus posibilidades, sino por encima de ellas.

Pablo fue el padre espiritual de aquella iglesia, recibió el llamado a través de una visión en la que un macedonio le rogaba que fuera a su tierra a ayudarlos.

Nunca se les olvidaría a aquellos creyentes cómo su ciudad trató a Pablo. Junto con su compañero Silas fueron víctimas de un linchamiento popular, los arrastraron hasta las autoridades, los azotaron y los encerraron en la cárcel sin juicio alguno.

Tanto la familia de Lidia como la del carcelero debieron sentirse deudoras con Pablo y Silas, pues tuvieron que pagar un precio muy elevado para que ellos pudieran recibir el Evangelio de Salvación.

Pablo expresa en la carta cómo los creyentes filipenses ganaron su corazón. Recuerda que cuando salió de aquella región para ir a Tesalónica, ninguna iglesia le ayudó en su sostenimiento, solamente ellos. Ninguna iglesia estuvo atenta a sus momentos de dificultad y angustia, solamente ellos. Una y otra vez le mandaron dinero para que no pasara necesidad. Pablo no estaba con los filipenses, tampoco trabajaba para los filipenses, pero éstos, le amaban y sentían un profundo reconocimiento por la labor que él hacia.

Cuando aquel día Pablo vio llegar a Epafrodito cargado con todo lo que prepararon para él, se conmovió su corazón, no sólo podía cubrir sus necesidades básicas, había recibido más de lo que necesitaba, hasta le sobraba y podía compartir con otros.

Pablo se apresuró a escribirles: «Tenéis que saber que vosotros estáis ofrendando para Dios, él se agrada de vuestro sacrificio, estáis aumentando el crédito de vuestra cuenta celestial.»[99]

Quizá también recordaba unas palabras del libro de los Proverbios donde dice: «*Servir al pobre es hacerle un préstamo al Señor, Dios pagará estas buenas acciones*» (Prov.19.17).

No es de extrañar que Pablo les dijera a continuación: «*Mi Dios os proveerá de todo lo que necesitéis.*»

Me encanta lo entrañable de la expresión: «Mi Dios». Como es de suponer, no es que Pablo tuviera un Dios particular, sino que su experiencia con Dios era tan íntima y tan rica, que en el momento que les comunicaba este mensaje era como si Dios y él estuvieran gozándose juntos al ver el amor y el cuidado que ellos tenían por Pablo.

Suplir todo lo que necesitamos, entraña un significado muy amplio, puede ser mucho más que la devolución de lo que hemos dado a otros, superando los «intereses» añadidos. Suplir todo lo que necesitamos puede ser algo muy grande, mucho más de lo que podemos imaginarnos. Dios es el único que conoce verdaderamente cada una de nuestras necesidades, y hay necesidades que no podríamos suplir aunque tuviéramos una fortuna.

Pablo aclara que *Dios suplirá conforme a las gloriosas riquezas que tiene en Cristo Jesús.* No conforme a nuestro entendimiento, pues podríamos equivocarnos. No conforme a nuestra imaginación, pues

---

99. Ver Filipenses 4:18

podríamos quedarnos muy cortos. Creo que ni el mismo Pablo podía llegar a comprender el alcance de lo que estaba diciendo.

Entonces, ¿cómo poder apropiarnos una promesa como ésta? Pienso que no es imprescindible haber nacido en Filipos. Estoy convencido que había cristianos en aquella época que recibían las bendiciones de esta promesa y no eran filipenses, ni nadie les había declarado algo igual. Más bien creo que lo fundamental para disfrutar de esta promesa es amar con la sensibilidad, generosidad y gratitud, como hicieron los cristianos de Filipos.

Un día cualquiera, cuando recibamos un regalo de nuestro Padre celestial escogido de entre sus gloriosas riquezas, comprenderemos que es una muestra de su agrado y complacencia hacia nosotros. No tanto porque nos lo merezcamos, sino porque él es infinitamente más sensible y generoso que nosotros.

28
Tranquilo hijo, tranquilo

$\mathcal{H}$ablar de tranquilidad hoy en día es casi un lujo, y si no, que se lo digan a la gran cantidad de personas que están consumiendo todo tipo de ansiolíticos para poder neutralizar su tensión y angustia. ¿Quién puede estar realmente tranquilo en la sociedad y en el tiempo que nos ha tocado vivir?

Las personas se sienten agredidas por su entorno, en sus relaciones y hasta en su propia familia. Una infinidad de causas vienen a desencadenar sentimientos de temor más o menos conscientes que derivan en estados de alteración emocional.

La tranquilidad interior es un bien cada vez más preciado, pero generalmente se encuentra directamente relacionado con las circunstancias que vive cada cual. Los niños, independientemente de su temperamento, no suelen nacer estresados, esto viene luego, conforme van creciendo y tienen que irse adaptando a un mundo muy complejo.

Cuando alguien viene y con buena intención te dice que te tranquilices, lo primero que piensas es que no te comprende, que no es capaz de empatizar con tu situación, pues si él estuviera en tu lugar también sentiría lo mismo que tú.

En aquella ocasión hasta los más tranquilos quedaron sobrecogidos, el pueblo de Israel se encontraba atrapado entre el mar Rojo que tenía delante y el ejercito egipcio que los perseguía. Poco tiempo antes todos habían salido de Egipto muy eufóricos con el botín que cada uno había recogido de sus vecinos. ¡Por fin, libres! Comenzaban una nueva etapa histórica poniendo su confianza en el Dios de Abraham.

Pero la alegría se congeló justo después de acampar junto al mar. No podían dar crédito a lo que sus ojos estaban viendo: en medio de la nube de polvo podían vislumbrar a la caballería del ejercito egipcio. Se encontraban acorralados y el pánico les invadió.

Clamaron a Dios con desesperación y se lanzaron sobre Moisés recriminándole la situación en la que se encontraban: «Nos sentimos engañados, esto no es lo que nos hablaste, te creímos y mira lo que nos espera.» «¿Qué has hecho con nosotros?» «Ya en Egipto te decíamos: ¡Déjanos en paz! ¡Preferimos servir a los egipcios!» «Hubiera sido mucho mejor morir en Egipto que aquí en el desierto»[100].

En medio de aquel caos Moisés pidió que le escucharan un momento y les dijo:

El Señor peleará por vosotros, y vosotros estaréis tranquilos (Ex.14.14).

---

100. Ver Éxodo 14:11 y 12

¿Cómo podía Moisés mostrar tan poca consideración a su angustia? Ellos eran los que habían tenido que pagar las consecuencias trabajando doble jornada y con peores tratos cuando Moisés le pidió al faraón que les dejase salir de Egipto. Ahora, no querían ni imaginar lo que podría pasar.

Mientras se iban acercando, los egipcios se frotaban las manos conscientes de su superioridad, viendo a Israel como un pueblo acorralado e indefenso.

No sé que perspectiva hubiera sido la nuestra si hubiéramos sido observadores de aquel momento sin conocer el final de la historia. Cada parte vivía de forma diferente aquella situación, el único que parecía no conectar con la realidad era Moisés: aquello era el fin y no se enteraba.

Al leer todo el relato, vemos que la clave se encuentra en el Guionista de la historia. Moisés podía estar tranquilo en medio del tifón y a su vez, transmitir tranquilidad, porque había estado en contacto con el Autor del guión. Realmente tenía ventaja. No sabía cómo iban a producirse los hechos, pero sabía que Egipto sería derrotado, Israel saldría victorioso y el nombre de Dios sería glorificado de tal forma que al pueblo no le quedarían más dudas en el futuro.

En nuestra vida, estamos expuestos a situaciones que justifican el temor y la angustia. En el momento de enfrentarnos a ellas, podemos perder el control disparándose un estado psicofisiológico alterado que nos arranca la paz y nos lleva a experimentar un infierno. Pero si esta situación ha sido preparada para que Dios sea glorificado en nuestra vida, la cosa cambia mucho.

Dios le había dicho a Moisés dónde tenía que llevar al pueblo para que acampase, el pueblo no estaba acorralado, estaba donde

Dios había dicho. Nadie se encuentra acorralado cuando está donde Dios quiere que esté. A los egipcios les parecía que los israelitas estaban atrapados entre el mar y su ejercito, pero el pueblo de Israel había seguido fielmente la nube que Dios había puesto delante de ellos, la cual les llevó hasta allí. Por tanto, a pesar de las evidencias, tanto los egipcios como los israelitas estaban equivocados. Los que se creían cazadores, estaban cazados, y los que se creían cazados estaban a punto de ser liberados de una vez por todas.

La cuestión es la siguiente: si nos encontramos en el lugar que Dios quiere que estemos, si estamos andando según el plan que Dios tiene para nosotros, a pesar de lo que las circunstancias se empeñen en sugerir, no estamos atrapados ni indefensos. Moisés les dijo: «Tranquilos, Dios es el que nos ha metido en esto, y él es el que nos sacará.» Todo tiene una razón de ser cuando forma parte del plan de Dios. Por tanto, ¡tranquilos! Sólo hemos de esperar y admirarnos de cómo Dios resuelve la situación. Para poder escuchar lo que Dios tiene que seguir diciéndonos, hemos de estar tranquilos. Para poder ver lo que Dios hará, hemos de estar tranquilos. Para poder hacer lo que Dios nos pida en este momento, hemos de estar tranquilos. El Señor actuará por nosotros, y nosotros estaremos tranquilos. ¿Verdad?

¡Qué ideas tiene el Señor!

N o creo que Abraham hubiera sido capaz de compartir con nadie lo que Dios le dijo aquel día; por supuesto, no lo hizo con su esposa Sara. Cualquiera le decía a Sara después de todo lo que habían pasado para tener a Isaac y separar a Ismael de su casa, que ahora, Abraham tenía que sacrificar a Isaac como si fuera un animal.

No sé si Dios podía haberle hecho esta propuesta a otro hombre, de hecho, no tenemos constancia de que Dios le hubiera hecho una petición igual a nadie, sino a sí mismo cuando determinó compadecerse del ser humano.

¿Cómo Dios pudo prometer a Abraham que de su descendencia saldría un pueblo, y a reglón seguido pedirle que sacrificara a su único hijo?

Dios estaba pidiéndole algo que era muy difícil de asumir por diferentes razones: primero, porque él amaba profundamente a su hijo. Segundo, en el pacto que Dios hizo con Noé prohibió que un hombre matara a un semejante. Tercero, era contradictorio con el plan que Dios le había revelado tiempo antes. Cuarto, cualquier persona normal es incapaz de aceptar la idea de matar un niño, y mucho menos, a su propio hijo.

Por ejemplo, Sifra y Fua, las parteras de Israel, se negaron matar a los recién nacidos tal como faraón les ordenó, inventando una excusa que las eximiera de responsabilidad. A su vez, Amram y Jocabed, los padres de Moisés, buscaron una solución alternativa cuando el mismo faraón mandó a los egipcios que echaran a los niños hebreos al río. Y en el caso de las dos prostitutas que se disputaban el niño ante Salomón, dejaron bien claro quién era la verdadera madre cuando el rey mandó que el niño fuera partido por la mitad: la auténtica, prefirió perderlo antes que verlo muerto.

Por otra parte, parece claro que cuando Dios le hablaba a Abraham, éste no tenía dudas de que escuchaba la voz de Dios. Aunque también era cierto que no siempre realizaba su voluntad tal y como él se lo había pedido. Por ejemplo, cuando Dios le llamó para ir a Canaán, le pidió tres cosas: dejar su tierra, sus parientes y la casa de su padre. De estas tres cosas, sólo cumplió una al principio, las otras dos vinieron con el tiempo retrasando la llegada a su destino y produciéndole complicaciones. De la misma forma, cuando recibió la promesa de tener un hijo, lo creyó, pero cedió a la propuesta de Sara aceptando engendrar un hijo de la criada Agar, y no tal como Dios le había dicho. Naturalmente, esto le trajo también problemas y sufrimiento.

El tiempo había pasado, su fe y su experiencia habían crecido, y ahora, Dios nuevamente lo ponía a prueba. Esta prueba no tenía comparación con las anteriores, evidentemente, era la más difícil de realizar. ¿Volvería a obedecer parcialmente?

«*Toma tu hijo a quien tanto amas y vete a Moria, y ofrécelo en holocausto en el monte que te indicaré*»[101]. Ésta era la petición de Dios. Y Abraham, como otras veces, no protestó. Se levantó de madrugada, preparó todo lo necesario y tomando a Isaac se dirigió al lugar que Dios le dijo.

Al tercer día divisó el monte y dijo a los dos criados que le acompañaban: «*Esperad aquí con el asno. Isaac y yo seguiremos adelante para adorar a Dios, y luego regresaremos*»[102].

No sabemos lo que pensó Abraham cuando Dios le hizo la petición, pero al leer el relato, sorprende que les diga a sus criados con tanta seguridad que su hijo y él volverían a ellos después de adorar a Dios. ¿Estaría tratando de que le esperaran tranquilamente sin interferir? ¿Quizá pensaba en una solución de compromiso con la que intentara conformar a Dios y salvar la vida a Isaac?

Creo que Abraham tenía la suficiente reverencia a Dios para obedecer sin protestas, pero además, a estas alturas de su vida, era ya también poseedor de una experiencia con Dios de inapreciable valor. Entonces, el razonamiento ante esta situación podía ser ilógico desde la perspectiva humana, pero no desde la perspectiva de un creyente que lleva tiempo andando en dependencia de Dios: si Isaac era el hijo de la promesa, aunque Dios le pidiera que Isaac fuera ofrecido en holocausto, Dios tendría que proporcionar los medios para que el holocausto fuera completado sin morir Isaac. Dios no podía contradecirse. Isaac no había tenido tiempo de engendrar ningún hijo que siguiera su descendencia. No podía morir Isaac y ser sustituido por otro hijo porque él era el hijo de la promesa.

---

101. Génesis 22:2
102. Génesis 22:5

Cuando padre e hijo iban subiendo por la ladera del monte, Isaac le preguntó:

- «*Tenemos el fuego y la leña, ¿pero dónde está el cordero para el holocausto?*»

- *El cordero, hijo mío, lo proveerá Dios –le respondió Abraham-*[103].

¿Era una mentira piadosa o realmente confiaba profundamente en Dios?

Pero la situación se puso mucho más difícil cuando llegaron a la cima del monte. Abraham fue amontonando piedras para construir el altar, entre piedra y piedra su corazón esperaba recibir una señal, escuchar un balido, ver unas ramas moverse o que de inmediato cayera una lluvia torrencial, pero el altar fue terminado, la leña colocada y la señal no había llegado.

Padre e hijo se miraron, Abraham tomó la cuerda con la que había sujetado la leña y comenzó a atar las manos de Isaac. No hubo palabras, tampoco podían expresarlas, un sudor frío les invadía. Ni una queja, ni una protesta, solo un quebrantamiento expectante en la presencia de Dios.

Abraham miró al cielo como hacía siempre antes de sacrificar una víctima, pero el cielo estaba mudo, tomó un poco de aire y alzó el cuchillo, todo seguía en silencio, su corazón se rindió a la obediencia absoluta y ... En este momento escuchó la voz del ángel del Señor que lo llamaba. La prueba había terminado y Abraham la había superado con un excelente. Cerca de él había un carnero que tenía los cuernos enredados en un matorral dispuesto para el sacrificio.

---

103. Génesis 22:7 y 8

Abraham había subido aquel monte diciéndole a su hijo que el Señor proveería lo que les faltaba, al bajar, después de la tremenda experiencia que habían tenido, decidió ponerle nombre a aquel lugar:

> *Y llamó Abraham el nombre de aquel lugar, el Señor proveerá. (Gén 22.14)*

Nadie con más propiedad que Abraham podía expresar un testimonio como éste: «*En un momento provee el Señor*» (NVI)[104]. Abraham creía que Dios proveería, no sabía cuándo ni cómo, pero su fuerza estaba en esta confianza.

¿Y si Dios no llegaba a tiempo? Abraham actuó en la confianza absoluta. A veces parece que Dios tarda mucho, pero él nunca ha llegado tarde. El Cielo entero estaba expectante a la acción de Abraham. ¿Cómo podía Dios llegar tarde? Ni un segundo más de lo necesario.

---

104. Nueva Versión Internacional

30

Un toque de ángel

Quién diría que el profeta Elías iba a ser presa del pánico poco después de enfrentarse a los profetas de Baal y Aserá en el monte Carmelo, ochocientos cincuenta en total, en la presencia del rey Acab y con buena parte del pueblo de Israel como testigos de la demostración de autenticidad del Dios de Israel como Dios único y verdadero[105].

Jezabel escuchó el relato de Acab con la cara desencajada y los ojos llenos de ira. Elías no sólo había dejado en el mayor de los ridículos a los falsos profetas, sino también los ajustició junto al río después de la ceremonia.

El pueblo de Israel volvía a reconocer a su Dios verdadero rechazando a los dioses extranjeros. Nunca la reina había sentido una humillación tan grande: «¿Dices que Elías se burlaba de mis profetas y de mi dios?» «Os ha engañado con sus artes mágicas haciéndoos creer que bajaba fuego del cielo.» «Yo resolveré este asunto de una vez por todas.»

---

105. Ver 1ª Reyes 18:20 y ss.

El mensajero de Jezabel que llegó hasta Elías le comunicó el juramento de la reina con evidentes muestras de desasosiego: «¡Que los dioses me castiguen sin piedad si mañana a esta hora no te he quitado la vida como tú se la quitaste a ellos.»

Lo que hizo Elías en el Carmelo no fue cualquier cosa, estaba obedeciendo a Dios cuando realizó aquella proeza, pero él no era Dios. Fue un día muy intenso: recogió doce piedras y levantó el altar, cavó una zanja alrededor del altar, puso la leña, descuartizó el buey colocando sus pedazos sobre ésta y pidió que trajeran cuatro cántaros de agua por tres veces para empapar la carne y llenar la zanja. Además de esto, aguantó la presión de hablar al pueblo que allí se había congregado, encajó su silencio y los comentarios amenazantes de los falsos profetas. Sin duda, la apuesta era máxima: si no ocurría nada, el único desacreditado sería Elías y lo pagaría con su vida.

Al caer la tarde, después que fracasaron los profetas de Baal, Elías invocó a Dios en presencia de la multitud expectante, acto seguido, el fuego irrumpió en el altar quemándolo todo hasta las piedras y consumiendo el agua de la zanja. Pero no había terminado aquí su cometido: hizo apresar a los falsos profetas y los ejecutó tal como lo exigía la ley, volvió a subir al monte Carmelo y se arrodilló para interceder por la lluvia, siete veces estuvo orando hasta que aparecieron las nubes, luego, Dios aún le dio fuerzas para correr un maratón de cuarenta kilómetros hasta Jezrel.

Cuando una persona realiza un esfuerzo intenso y prolongado, las reservas biológicas del organismo quedan mermadas y su sistema nervioso acusa el agotamiento. En estas condiciones, la persona es más vulnerable a situaciones amenazantes que puedan producir angustia. Física y anímicamente, Elías no era el mismo antes de subir al Carmelo que cuando llegó a Jezrel. El mensaje de Jezabel le llegó en el momento más apropiado para producirle el mayor efecto negativo posible.

De nuevo se vio sólo y, esta vez, sin fuerzas para seguir enfrentándose al poder e influencia de Jezabel. El pánico se experimenta de forma similar a cuando se rompe el dique de una presa: sin control posible. A Elías se le aceleró el pulso y la respiración, comenzó a sudar y sintió la necesidad de salvar su vida. Huyó a tierra de Judá, unos doscientos kilómetros al Sur, Una vez allí, adentrándose por el desierto se sentó extenuado bajo un arbusto con ganas de morirse. De sus labios salieron unas palabras antes de quedarse dormido: «*¡Estoy harto, Señor! Quítame la vida, pues no soy mejor que mis antepasados*»[106].

De repente, un ángel lo tocó y le dijo: «Levántate y come.»
(1 Reyes 19.5)

¡Que mejor momento para que te toque un ángel! Cuando te has venido abajo y eres víctima de un estado depresivo, te fallan las fuerzas y no encuentras la fe que te sostenía poco antes, miras dentro de ti y no te gusta lo que ves, te sientes sólo, muy sólo, y la vida deja de tener sentido para ti, miras a tu alrededor, y la gente sigue en sus cosas indiferente a lo que te está ocurriendo. ¿Qué haces aquí? ¿Dónde vas? ¿Alguien te puede explicar por qué has de seguir luchando? Solo te apetece dormir un sueño que no tenga despertar.

---

106. 1ª Reyes 19:4

Entonces te toca un ángel y te despierta. No te recrimina nada, no te exige nada, no te compara con nadie, no te da consejos baratos, no te hace sentir peor de lo que estás...

Sólo se ha preocupado por cubrir tus necesidades más inmediatas: ahí está un pan calentito y crujiente con un jarro de agua fresca.

«Descansa de nuevo, luego volveré a llamarte para que termines de reponerte.»

Cuando te encuentras en el desierto, lejos de todo y de todos, entonces es cuando aparece el ángel y te toca para cuidar de ti. No lo has llamado, pero él viene. No le has pedido nada, pero él te trae algo que necesitas. ¡Es un ángel!

Dios tiene muchos de estos ángeles, toman muchas formas diferentes, aparecen en cualquier lugar, te tocan y sonríen, en su mirada ves un reflejo de luz que alcanza tu corazón y entonces, lo comprendes todo.

31

Una preciosa señal

Una señal es cualquier cosa que tiene un significado para el que la mira y es capaz de apreciarlo. Cuando los verdes campos se colorean con rojas amapolas, todos saben que es primavera. Una sonrisa afable, es un alma con la puerta abierta. La lágrima que se desliza por la mejilla, revela un corazón triste. Las estrellas han guiado a los navegantes a lo largo de muchos siglos y el sol lo ha hecho con los exploradores antes que confeccionaran los mapas.

Nuestro universo está lleno de señales, Dios las ha puesto en el cielo y en la tierra como un lenguaje que todos pueden entender independientemente del color de su piel y del idioma que hablen.

Una de las señales más hermosas que existen, la debemos a un pacto que Dios hizo con Noé después del diluvio.

He colocado mi arco iris en las nubes, el cual servirá como señal
de mi pacto con la tierra. (Gén. 9.13).

¿Quién no ha visto el arco de Dios en el cielo? ¿Quién no se ha admirado de su belleza y armonía? Cuando la lluvia aún está cayendo y las nubes se apartan para saludar al sol de nuevo, entonces, aparece el arco iris. Es un arco perfecto, siempre tiene la misma forma y los mismos colores. Han pasado miles de años y el arco sigue como al principio, fiel al diseño de su Autor.

Después de haber abandonado el arca, Noé y su familia cultivaban la tierra. Las cosas ya no eran como antes, la tierra, además de ser regada por los manantiales, también lo era por la lluvia. Con frecuencia, se juntaban espesas nubes, el cielo oscurecía y comenzaba a caer agua sobre los campos. Noé miraba hacia arriba con un pellizco en el estómago, y cuando veía el arco iris, sentía la presencia de Dios. Ahí estaba la señal que Dios había puesto, Dios recordaba su pacto, el agua tendría un límite una vez más, la lluvia no sería una maldición sino una bendición.

Para Noé el arco era mucho más que un fenómeno meteorológico, era el pacto de Dios con su creación. Nunca más la tierra sería destruida por medio de un diluvio. «*Mientras la tierra exista, habrá siembra y cosecha, frío y calor, verano e invierno, y días y noches*»[107]. Ni Noé, ni ningún otro ser humano tendría que volver a construir un arca y encerrarse allí con su familia por varios meses. Dios respeta sus pactos.

Conforme los hijos de Noé fueron extendiéndose por toda la tierra, sus ojos siguieron contemplando la señal de Dios, aunque se ubicaron en lugares diferentes, todos pudieron seguir viendo la misma señal a través del agua de la lluvia. Físicamente, no era el mismo arco cuando era contemplado desde dos lugares diferentes, o por dos generaciones sucesivas, pero era la misma señal con el

---

107. Génesis 8:22

mismo mensaje. Ésta es una característica de las señales universales de Dios, su doble dimensión: siempre es actual a través del tiempo y, en un mismo momento, alcanza a muchos.

Para ver las señales de Dios es necesario colocarse en la posición adecuada, no se puede contemplar el arco iris desde cualquier situación. Es necesario que el sol se encuentre a nuestras espaldas y la lluvia delante. Es la luz que emite el sol la que, al atravesar el agua, se descompone en la armonía de los siete colores. Lo hace siempre que se da la coincidencia entre la luz solar y el agua de lluvia, pero este fenómeno no será observado, a no ser que estemos bien situados.

Hay señales de Dios que sólo podemos verlas cuando nos encontramos de rodillas orando, hay otras señales, que necesitamos estar sirviéndole en su obra para poder observarlas, aún hay algunas, que únicamente las apreciaremos cuando estamos pasando por situaciones de prueba.

Dios tiene preciosas señales para aquellos que tienen ojos para verlas, oídos para escucharlas y corazón para recibirlas. En cualquier lugar, momento y forma, Dios nos habla a través de sus señales. Son señales preciosas, únicas para quien las comprenden.

Unas veces Dios da a sus hijos señales universales y otras particulares, dependiendo de las circunstancias propias del momento y de su trascendencia. Cuando la paloma volvió al arca y llevaba en su pico una ramita de olivo recién cortada, Noé comprendió que las aguas habían bajado hasta dejar la tierra al descubierto. Ésta era una señal particular de Dios para Noé. El tiempo de privación estaba llegando a su fin, la tierra volvía a recuperar toda su riqueza y hermosura para que el ser humano la disfrutara.

Cuando veo el arco iris le doy gracias a Dios y me admira ver como es capaz de combinar la lluvia y la luz del sol para

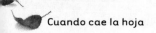

crear un precioso arco que nadie puede igualar. Las señales que él pone en nuestra vida también pueden combinar sonrisas y lágrimas, haciendo aparecer un precioso arco iris que nos da testimonio de la presencia de Dios, de su amor y fidelidad inalterable por nosotros.

Unas palabras antes de despedirme...

El último mensaje

Vendrá un día en el que todos recibiremos un mensaje de parte de Dios, será el último mensaje. A lo largo de nuestra vida cristiana seguramente hemos recibido muchos y variados mensajes. Mensajes de ánimo, de consuelo, de seguridad, de esperanza, de invitación, de advertencia, de corrección, de exhortación. Mensajes que el amor de Dios hacia nosotros siempre ha inspirado para nuestro bien.

Pero un día llegará el último, y sabremos que lo es, porque después de aquel mensaje dejará de tener sentido cualquier otro. No será una promesa ni una profecía, será una declaración en toda regla, una afirmación categórica que marcará un antes y un después definitivo.

Podría se un mensaje en términos similares a los que el profeta Nahum le dio a Judá de parte de Dios: «Bastante te he afligido; no te afligiré ya más» (Nah. 1.12).

Cuando Dios te diga: «Ya es suficiente, no volverás a ser afligido», puedes quedar tranquilo, su luz te inundará para siempre.

Este tipo de mensaje contrasta con el que Dios dio al apóstol Pablo, él le rogó por tres veces que le quitara la espina que tenía clavada en su cuerpo (lo calificaba como un mensajero de Satanás que le atormentaba): «Te basta con mi gracia -le respondió Dios-, pues mi poder se perfecciona en la debilidad»[108]. Pablo comprendió dos cosas en aquella ocasión: la primera era que esta espina no le permitía crecerse en su vanidad, y la segunda, que cuanto más débil se sentía, mucho más notable era la intervención del poder de Dios en su vida.

Es evidente que el mensaje que recibió Pablo, no era su último mensaje. Unos 25 años antes, un discípulo de Damasco llamado Ananías recibió una revelación referente a Pablo de parte de Dios: «Este hombre es mi instrumento escogido para dar a conocer mi nombre tanto a las naciones y a sus reyes como a Israel. Yo le mostraré cuánto tendrá que padecer por mi nombre»[109]. Ciertamente tenía un camino largo y difícil que recorrer, lleno de sorpresas y de satisfacciones. Nunca lo recorrió solo, siempre sintió la presencia de Dios con él, y nunca le abandonó la esperanza.

Pero vino un momento en que Pablo escuchó unas palabras que, como dijo Jesús, escucharán todos los hijos de Dios que han sido fieles: «¡Hiciste bien, siervo bueno y fiel! En lo poco has sido fiel; te pondré a cargo de mucho más. ¡Ven a compartir la felicidad de tu Señor!»[110]

No hay encuentro como éste al final del camino, el Padre abrazando a su hijo, el Señor a su siervo y Dios a su criatura complaciéndose con ella.

---

108. 2ª Corintios 12:9
109. Hechos 9:15
110. Mateo 25:21 y 23

Para unos fue y será un camino más largo que para otros, más difícil y con más obstáculos que superar, pero lo realmente importante, no es tanto el tipo de camino que uno debe recorrer, sino cómo lo hará. La experiencia vital es mucho más importante que el escenario y el guión, poco importa lo que comes si no lo haces con alegría, menos significativo es donde vives si no puedes sentir paz, y con quien andas el camino si no te relacionas con amor.

Pablo decía que hay tres cosas importantes: la fe, la esperanza y el amor. A través de la fe comienza la relación con el Padre, la esperanza mantiene el buen ánimo hasta llegar a su presencia y disfrutar plenamente de él, y el amor convierte el camino en un anticipo de lo que será la futura experiencia con el Padre, pues como dice el apóstol Juan: «*Todo aquel que ama, ha nacido de Dios, y lo conoce. El que no ama no conoce a Dios, porque Dios es amor*». (1ª Juan 4:7 y 8)